O SUJEITO EM ESTADO LIMITE

Jean-Jacques Rassial

O SUJEITO EM ESTADO LIMITE

Companhia de Freud
editora

TÍTULO ORIGINAL
Le Sujet en état limite

EDITORAÇÃO ELETRÔNICA
FA - Editoração Eletrônica

TRADUÇÃO
Sandra Regina Felgueiras

EDITORES RESPONSÁVEIS
José Nazar
Luiz Roberto Klaczko

FICHA CATALOGRÁFICA

R228s
Rassial, Jean-Jacques, 1950
O sujeito em estado limite / Jean-Jacques Rassial; [tradução Sandra Regina Felgueiras]. – Rio de Janeiro: Companhia de Freud, 2000.

176 p. ; 23 cm

ISBN 85-85717-45-9

Inclui bibliografia.
Tradução de: Le suject en état limite.

1. Psicanálise. I. Título.

CDD-150.195

Companhia de Freud
editora

ENDEREÇO PARA CORRESPONDÊNCIA
Rua da Candelária, 86 - 6º andar
Centro - Rio de Janeiro
email: tereza@ism.com.br

a Gabriel e Judith

Foi Joël Dor quem primeiro acolheu este livro nesta coleção e me propôs as últimas revisões, pouco antes de sua hospitalização e de sua morte, em julho de 1999. Nossa amizade, há cerca de vinte anos, nossa proximidade em relação à psicanálise e à universidade deveriam ter-se prolongado nos debates prometidos a partir da publicação deste livro. À sua falta, que este seja minha contribuição à homenagem por nosso pensamento comum: aberto, livre e muito cedo inacabado.

Sumário

QUARTA PARTE

O QUE PODE MUDAR?

Introdução

De um diagnóstico incerto

O diagnóstico de estado limite, freqüentemente feito, tem algum valor para o psicanalista?

De fato, essa figura clínica, que inicialmente nos foi proposta pela psiquiatria e pela psicanálise anglo-saxã sob o nome de *borderline*, tem ao menos o valor de sua correção descritiva quanto ao sujeito moderno, que escapa às classificações clássicas da semiologia psicopatológica. A hipótese maior deste ensaio é considerar esta figura como a de nosso contemporâneo, primeira testemunha, antes mesmo de dele sofrer, do mal-estar na civilização.

Mas, para-além da crítica que esse diagnóstico implica por parte da clínica psicanalítica, ainda que permanecendo descritivo ele questiona, nos registros tópico, econômico e dinâmico, nossos dogmas metapsicológicos a tal ponto que o uso desta noção traçaria a linha de demarcação entre psicanalistas – por exemplo, entre lacanianos, de um lado, que o recusariam, e "antilacanianos", de outro, que dele fariam o instrumento de uma polêmica clínica. A segunda hipótese, sem que se faça reverência à carta vindicativa de uma certa ortodoxia lacaniana, é que a obra de Lacan – e precisamente seus últimos trabalhos – permite, ao contrário, dar valor conceitual ao estado limite.

Este ensaio, que não pretende propor uma teoria completa e definitiva do estado limite, não é exercício solitário, inscrevendo-se num diálogo começado alhures.

Como todo "bom" analista lacaniano, desprezei durante muito tempo este diagnóstico, confortado com o fato de que, freqüentemente, um ou outro paciente assim etiquetado rapidamente se mostrava neurótico, no limite da loucura na expressão de seu mal-estar – ainda que a combinatória de sua estrutura e o engajamento transferencial apontassem para a histeria ou para a obsessão –, ou psicótico – mas agüentando razoavelmente bem o golpe das experiências que podia ter, quando outros, no mesmo caso, basculariam no desabamento psicótico –, ou mesmo perverso, fracassando na construção de sua cena. No entanto, ficavam algumas situações – em particular, mas não exclusivamente, com adolescentes – em que o "*mea culpa*" de minhas resistências – as do analista – faltava em sinceridade e um outro diagnóstico parecia impor-se.

Uma leitura foi decisiva para ampliar as poucas vias abertas acerca da adolescência: a da coletânea de artigos *A loucura privada*[1], de André Green, sobre a qual fiz uma crítica em *O discurso psicanalítico*[2], revista da Association freudienne. Desta vez, essa noção de estado limite, elevada ao nível de conceito, não era nem reduzida a seu uso metapsicológico – como acontecia, por exemplo, nos trabalhos, neste campo esclarecedores, de Jean Bergeret –, nem exclusivamente pensada numa teorização que desconhecia Lacan – como os trabalhos anglo-saxões, inclusive os de Kernberg, acessíveis em francês. Certo que eu não podia seguir André Green em todos os seus desenvolvimentos, mas, por um lado, o lugar concedido aos escritos de Freud de 1925 – "La Dénégation" [A denegação] em particular – concordava com minhas pesquisas na crítica de um uso mecânico do conceito de foraclusão; por outro lado, este texto abria – apesar dele mesmo, ainda que um artigo mais recente acentue este aspecto – para uma modelização topológica desse estado. Feita essa homenagem, isso implicará que por muitas vezes, explicitamente ou não, este ensaio pareça uma resposta lacaniana a André Green.

---

[1] A. Green, *La Folie privée,* Gallimard, Paris, 1990.

[2] J.-J. Rassial e F. Bouko-Lévy, "Revue des livres", in *Le Discours psychanalytique,* 1991, nº 6.

Mas, depois, justamente quando da preparação conjunta de um colóquio em Namur sobre "estados limites, estados sem limites", essas questões encontrariam um eco na Association freudienne, particularmente na Bélgica. Quando a idéia de uma ligação estreita entre o estado limite e o declínio da função paterna, associada ao apogeu do discurso da Ciência, é evocada e nem sempre explicitada, isto se refere às pesquisas, num diálogo permanente há algum tempo entre nós, de Jean-Pierre Lebrun[3].

Enfim, a estrutura deste livro segue a coerência pedagógica de um curso de D.E.A.* ministrado na universidade Paris-13. Há muito tempo aprendi com Roland Gori o quanto a Universidade poderia ser o lugar privilegiado tanto de uma reflexão das mais livres possíveis em relação a outros pertencimentos, quanto de uma colocação à prova da transmissão; seus trabalhos, que incluem esta questão, epistemológica, serão uma referência muitas vezes implícita. Portanto, os primeiros que ouviram estas hipóteses foram estudantes e agora, para alguns, em momento de tese: em particular, Catherine Parisot realizou uma transcrição inteligente deste curso, sem a qual a escrita teria sido mais arriscada. Aliás, expus algumas destas idéias ao grupo de pesquisas clínicas sobre o processo infantil e juvenil do laboratório de psicologia, particularmente a Philippe Lévy, cujas contribuições à teoria do pensamento me ajudaram. Marie-Claude Fourment-Aptekman, com um olhar desenvolvimentista, leu este manuscrito e incitou a certas precisões. Serge Lesourd, companheiro de trabalho sobre a adolescência, velou, em particular, pela lisibilidade do conjunto e pelo afinamento de certas construções topológicas.

Alguns nomes, portanto, rapidamente, não para encontrar apoio para teses talvez contestáveis, das quais alguns evidentemente não partilhariam, mas sobretudo para não cometer a gafe, dificilmente evitável, de não citar o nome daqueles de quem, nem sempre percebendo, retirei uma ou outra idéia.

---

[3] J.-P. Lebrun, *Um monde sans limite*, Érès, Toulouse, 1997.

* *Diplôme d'études approfondies* [Diploma de estudos aprofundados]; diploma de terceiro ciclo, prévio a um doutorado. (NT)

Segui um veio pedagógico, sem dúvida, nestas quatro partes, mas ele me pareceu adequado quando da releitura:

Primeira parte: partindo do encontro entre a experiência da cura e uma clínica do social que, parece, para todos os que utilizam este conceito, faz do estado limite uma realidade insistente, reli, como conseqüência de muitos artigos, o caso do *Homem dos lobos* – que constitui sua figura *princeps*, figura que encontraremos em diversas etapas –, tentando, já, encontrar, na teoria lacaniana da foraclusão do nome-do-pai, as articulações que permitissem localizar este estado nem neurótico nem psicótico.

Segunda parte: cheguei a uma clínica, claro que inicialmente fenomenológica, mas também diferencial, pois que consistia em distinguir os estados limites (aqui já em duas palavras não reunidas) e outros vizinhos, mas, estes, neuróticos, perversos ou psicóticos. Não se trata de desenvolver uma clínica completa, mas de sublinhar alguns traços que isolam esse modo de ser.

Terceira parte: tentei conceber – ultrapassando então o contexto estrito dos ditos estados limites – uma clínica num modo topológico, tanto mais adequado na medida em que o índice maior de um estado é sua instabilidade e a fragilidade – narcísica – da distância entre fora e dentro, real e realidade. Para isto, apoiei-me essencialmente em um seminário de Lacan consagrado ao sinthoma* e a Joyce – ainda inédito e do qual só circulam transcrições não-comerciais –, mas também na contribuição de colegas como Aurelio Souza[4].

Quarta parte: levando a sério esse conceito de estado limite e colocando o acento na idéia de estado, propus uma dupla inscrição deste diagnóstico, numa psicopatologia do sinthoma e numa teoria da gênese das estruturas, limitando-me ao que podia sustentar algum projeto terapêutico, considerando que toda concepção de um ato efetivo só se pode sustentar por uma teoria geral da mudança natural ou provocada.

---

* Traduziremos sistematicamente *symptôme* por "sintoma" e *sinthôme* por "sinthoma", para diferenciar os termos empregados em francês, no decorrer do texto. (NT)

[4] A. Souza, "La topologie des états limites dans la psychanalyse", in *Le Bulletin freudien*, nº 29, 1997.

O objetivo deste ensaio será atingido se ele provocar um debate, até mesmo um questionamento, na medida em que o estado limite, no que afeta um sujeito, não afeta somente o social, mas também o próprio pensamento e nos obriga a avançar na teoria do ato psicanalítico.

Primeira parte

O estado limite: um conceito psicanalítico?

O diagnóstico de estado limite aparece no encontro ilegítimo de duas clínicas: a clínica psiquiátrica e a clínica psicanalítica. A primeira operação epistemológica para pensar o estado limite no campo da psicanálise, onde historicamente ele apareceu primeiro, deve ser descartar seu uso – e seu abuso – numa psicopatologia, impotente há algumas décadas quanto a renovar, pela via semiológica, suas classificações alienistas de antes: ou ela se refugia numa recusa behaviorista da questão diagnóstica, sob o risco, pouco percebido, de desaparecer como disciplina específica, ou rouba diagnósticos a outras disciplinas, às vezes a psicologia, quando se trata de "desarmonia", ou, na maioria das vezes, a psicanálise, cujos objetivos, métodos e até mesmo o objeto, no entanto, lhe são antinômicos.

Assim, primeiro nos Estados Unidos e, depois de algum tempo, na França, o diagnóstico de estado limite veio recobrir uma realidade patológica outrora diversa, da psicopatia às "perversões sociais", das "pré-esquizofrenias" às neuroses narcísicas, etc e até mesmo mascarar – ao preço e em detrimento do conceito – a incerteza dos clínicos ou proteger o paciente de um diagnóstico suposto condenador, quando não se trata, simplesmente, de esquecer que as neuroses caracterizam estruturas cuja expressão pode ser mais louca que a espasmofilia ou o simples desprazer de viver.

É certo que a associação, proposta por Jean Bergeret, entre estado limite e certas depressões, nem melancólicas nem reacionais, deveria limitar esta expansão abusiva, mas podemos também, dispostos a voltar depois a considerações mais universais, começar por considerar os estados limites a partir desses casos limites da psicanálise, como propõe André Green, nos quais é o dispositivo analítico o contexto de revelação de um modo de funcionamento particular, enquanto o paciente, em sua vida cotidiana, só manifestaria um pouco de morbidez.

Desse ponto de vista, sem desembocar nesse excesso que consiste em considerar que a maior parte dos pacientes de Freud, hoje, pertenceria a esta categoria de estado limite – particularmente suas "grandes histéricas" dos primeiríssimos tempos –, um caso, entretanto, ocupa uma função *princeps*, por sua cura assim como por sua biografia pré e pós-cura: o do *Homem dos lobos.* Com efeito, sob este aspecto, Sergueï Pankejev, para o qual Freud faz o diagnóstico de uma neurose obsessiva construída sobre uma fobia infantil, apresenta, durante toda a sua vida, uma variabilidade da sintomatologia, certamente vizinha do que se encontra na histérica, mas que o faz aproximar-se muito da loucura. Das construções na cura ao apoio fora da cura, os psicanalistas do *Homem dos lobos* o acompanharam de um modo inteiramente particular, pelo qual se pôde fazer, ao mesmo tempo, o mártir e o herói.

Esta posição inaugural do *Homem dos lobos* é mais acentuada ainda, paradoxalmente, por Lacan, que, deixando o caso no lado das neuroses, não deixa de fazer dele – ainda que isolando um episódio – o caso em que se delineia em Freud – ainda que a palavra aparecesse antes – uma conceitualização da *Verwerfung*, operação que, uma vez traduzida por foraclusão, será, para Lacan – aplicada ao nome-do-pai –, a operação da psicose. Da mesma forma que, mais tarde, o caso Joyce, que segundo Lacan só evitaria a psicose pela construção do sinthoma, o *Homem dos lobos* se situa no mínimo numa borda psicopatológica que, aliás, legitima uma certa prática da cura, distinta da psicanálise dos neuróticos "comuns" e das psicoterapias das psicoses. Neste sentido, é preciso voltar a uma leitura mecânica – ausente em Lacan, mas enaltecida por alguns de seus discípulos – do conceito de "foraclusão do nome-do-pai".

Assim se coloca o projeto desta primeira parte, fundamentalmente histórico, epistemológico, mas que continuará muito próximo da experiência clínica de cada analista, pois que se tratará – depois de ter explorado, no primeiro capítulo, as razões de um interesse dirigido ao estado limite, apesar dos abusos de sua utilização – de seguir, no segundo capítulo, o caso *princeps* do *Homem dos lobos*, de Freud, para definir, no terceiro capítulo, as condições de um uso do ensinamento de Lacan.

1. O caso e a causa

Se a noção de *borderline,* primeiro, e depois sua tradução por estado-limite se impuseram aos analistas, em primeiro lugar os anglo-saxões, isto se deveu a uma constatação em dois tempos, em que convém respeitar uma seqüência lógica: inicialmente, com apoio na prática, pelo encontro de alguns impasses na cura de sujeitos que, à primeira abordagem, pareciam neuróticos; depois, pela proximidade entre estes casos de psicanálise e o que, no campo da psicopatologia psiquiátrica e psicológica, parecia psicopatologias específicas do narcisismo e condutas não-redutíveis a neuroses, psicoses e perversões.

Impasses da cura

Todo clínico tem a experiência destas curas em que se manifesta e parece se confirmar, nas entrevistas preliminares e num início de análise mais ou menos longo, um modo de funcionamento neurótico no engajamento transferencial e no que se delineia da fantasia e que, ou são marcadas por um momento de ruptura ou de revés, ou ao mesmo tempo se esgotam e derivam. Assim, enquanto a transferência seguia os caminhos comuns que permitiam o desfiar das encarnações imaginárias do Outro e a distinção de objetos fantasmáticos, podendo o analista, neste primeiro tempo, contentar-se em assegurar o dispositivo sustentando a ficção de um sujeito suposto ao saber, no momento em que ele tenta interpretar a emergência de significantes-mestres e desmascarar um real por detrás das crenças, em lugar de provocar um primeiro efeito analítico, induz uma suspensão progressiva ou brutal do desdobramento dos significantes, até mesmo um *acting out* ou uma passagem ao ato.

Conhece-se a resposta de uma ortodoxia lacaniana, resposta correta, é certo, mas freqüentemente insuficiente: esses *acting out*, essas manifestações de resistência do lado do analisante correspondem a uma resistência do analista, a um recuo de sua posição, até mesmo a sua retirada diante do "horror de seu ato". É claro que – isto se vê em certas supervisões – esta explicação às vezes é suficiente, mas, então, depois de um certo tempo perdido, a análise recomeçará, ou, no pior dos casos, o analisante, tendo encontrado muito brutalmente os limites do analista, poderá consolar-se com uma denúncia da psicanálise – se não encontrar um outro analista que permita este ultrapassamento –, deixando intacta a neurose. Mas há outros casos, nos quais a única crítica possível ao analista diz respeito a sua falta de tato, a sua má avaliação da transferência e da estrutura do paciente, em que se verifica que qualquer interpretação, correta, tem um efeito intrusivo que só é reparado, em detrimento da análise, pelo posicionamento anaclítico do analista.

São situações de cura que legitimam falar de "casos limites", situações, portanto, da transferência, visto que, freqüentemente, o analista poderá antecipar essa suspensão, até mesmo limitar seu efeito catastrófico por uma reflexão sobre o "estado" – já a primeira ocorrência deste termo – da relação. Mencionarei apenas três situações de cura, ainda que outras pudessem ser repertoriadas, porque, na literatura sobre os estados limites, elas são freqüentemente evocadas.

A primeira situação exemplar é a da "reação terapêutica negativa", que Freud já havia constatado no *Homem dos lobos*: "Toda vez que um sintoma tinha sido radicalmente resolvido, ele tentava negar por um momento seu efeito através de um agravamento do sintoma". Laplanche e Pontalis[1] sublinham o quanto esta manifestação não é redutível a uma re-

---

[1] J. Laplanche e J.-B. Pontalis, *Vocabulaire de la psychanalyse*, PUF, Paris, 1967.

sistência do eu, devendo ser concebida tanto como uma resistência do supereu, associada então a um sentimento de culpabilidade, quanto como efeito da pulsão de morte. Afora os casos excepcionais, em que a "falta de jeito" do analista pode desempenhar um certo papel, é a inaptidão do analista para suportar a violência da interpretação, no que ela inclui a interpretação materna primeira, que é aqui indicada, ainda mais quando é afetada – lembremos dos distúrbios psicossomáticos do *Homem dos lobos* – a transmissão materna do sintoma. A interpretação, então – e nestas situações toda interpretação é sempre não muito justa –, é certamente intrusiva, mas também tem como efeito mostrar a inconsistência narcísica e sua irremediabilidade, a impossibilidade, para o sujeito, de suportar esse golpe no sintoma que, aqui, voltaremos a isto, tem valor de sinthoma. Essa reação terapêutica negativa, quando ela se repete e o analista não está apoiado numa insensibilidade à transferência, cujo efeito só poderia ser catastrófico, tem dois efeitos na condução da cura: o primeiro é o de incitar o analista a sustentar a relação por um deslizamento para uma posição de objeto anaclítico materno que, de fato, limitará o alcance interpretativo; o segundo, então, é – e a leitura da direção da cura do *Homem dos lobos* indica isto – não poder dar interpretação (no sentido de F. Dolto, em que se "dá" uma interpretação como se "dá" uma castração) a não ser numa construção que, de fato, reduz seu eventual gume.

A segunda situação problemática é a que deu lugar à noção paradoxal de "psicose de transferência"; paradoxal para o leitor francês, posto que o psicótico se caracterizava por inaptidão para a transferência e os termos "neurose" e "neurose de transferência" só se distinguiriam pelo fato de que a cura analítica atualizaria a histeria mínima constitutiva de todo sujeito neurótico. Para-além da correção – mas nesse caso fenomenológica – do que é sentido pelo analista em muitas curas de adolescentes, uma outra experiência pode dar a esta noção aproximativa um certo valor conceitual. Um caso evocado por um colega esclarecerá isto: este analista, que conhece a língua árabe, pôde ouvir, de um paciente "beur"*, através de uma palavra em língua francesa, uma palavra desta outra língua, originária e esquecida,

* *Beur*, em *verlan*, designa o magrebino nascido na França, de pais imigrantes. (NT)

o que teve como resultado – imediato –, nesta jovem que parecia histérica, o desencadeamento de um verdadeiro delírio erotômano em relação a esse confrade. Decerto poderíamos evocar aí "a histeria pseudoparanóica[2]", na medida em que sabemos da facilidade da histérica em levar a relação com o outro até a loucura, mais vindicativa que reivindicativa. Neste caso, parece, algo mais é colocado em jogo: a língua originária, a língua esquecida, materna e pré-edipiana como a das fantasias originárias, quando a língua do Édipo – aquela em que é enunciado o interdito do incesto e do assassinato, língua do nome-do-pai – fracassou em seu efeito, tanto fundador quanto recalcante. Do lado do analista, uma semelhante situação desencadeia naturalmente pânico e fuga, ainda que tingidos de culpabilidade, e até mesmo o apoio na mais "pesada" psiquiatria para sair de uma deriva passional da transferência. Ora, mesmo com a reserva da passagem ao ato, apresentam-se muitas situações em que uma erotização não-dominada da relação coloca o clínico numa vizinhança com esta loucura; psicose da transferência, decerto, mas no sentido de uma psicose a dois.

A terceira situação, muito mais comum, é a de uma "pane" da análise, uma de suas fórmulas sendo a proposta por Freud em "Analyse avec fin, analyse sans fin[3]" [Análise com fim, análise sem fim], indicada por um impossível ultrapassamento da castração, mas que toma outras formas, sinal de outras impossibilidades, tornando possível ampliar inconseqüentemente o conceito de castração; formas sem dúvida parcialmente novas, já passados cinqüenta anos. Em certas curas, sem que apareçam manifestações reacionais à transferência e à interpretação, como nas duas situações precedentes, o trabalho de análise é progressivamente desinvestido pelo analisante, mas também pelo analista, para ceder à compaixão ou à falação. Duas derivas – que se reúnem sob esta idéia de pane – parecem opor-se: um duplo desinvestimento, pelo analisante, de sua própria história – que o fará privilegiar o presente de seus comportamentos em seu discurso, enviscando num relato cotidiano o que pôde emergir de primário – e da relação transferencial, reduzida ao hábito, no sentido de uma submissão ao habitual, cuja constituição mesma, voltaremos a isto, é da alçada de uma dinâmi-

---

2 C. Melman, "L'hystérie pseudo-paranoïaque", in *Le Discours psychanalytique*, nº 13.

3 S. Freud, *Résultats, Idées, Problèmes II*, PUF, Paris, 1985.

ca, ou melhor, de uma extinção dinâmica da pulsão de morte. Do lado do analista, esta situação se marcará naturalmente por esta depressão contratransferencial que é o tédio, constatação de uma impotência em reintroduzir uma dinâmica erótica. A segunda deriva é a de um superinvestimento, pelo analisante, de suas condutas, isto é, a atuação – imediata – das conseqüências de toda emergência primária, renunciando de saída a toda perlaboração, a toda secundarização discursiva em proveito de uma realização desordenada; o analista se torna objeto anaclítico, do qual a mínima palavra, o mínimo gesto valem como injunção em vez de valerem como interpretação, pondo em colapso, poder-se-ia dizer, um lugar de grande Outro e um lugar de objeto *a*, cujo afastamento deveria ser o que asseguraria a dialética da cura. O analista, então, será freqüentemente tomado por uma angústia contratransferencial que o paralisará diante do medo de mal fazer e de mal dizer (de maldizer). Sem dúvida, poder-se-ia evitar a questão de um caso limite reduzindo estas duas derivas à utilização de defesas neuróticas, obsessivas para a primeira, histéricas para a segunda; mas resta o conjunto de casos em que essa interpretação, usada na cura, não tem nenhum efeito de relançamento da dinâmica analítica.

Comecemos, pois, por aceitar esse conceito de estado limite, enquanto caso limite, como descrevendo, como propõe André Green, os "limites de analisabilidade", limite da análise mais que do analista, mesmo quando eles se conjugam e se somam; reencontramos assim esses limites da prática que exigiram de Freud, de Klein ou de Lacan um passo teórico a mais, sobre a transferência e sobre a interpretação.

Para uma psicopatologia do sujeito moderno

Se esse encontro com impasses na prática da cura justifica a invenção do "caso limite" no campo da psicanálise, o sucesso do diagnóstico de estado-limite se explica pelo encontro com as preocupações de outros psicopatólogos, particularmente psiquiatras, mas também psicólogos, certamente confrontados com a mudança de destino da semiologia clássica, mas também com formas novas de patologias, dizendo respeito especificamente ao narcisismo e à conduta. Conhecemos o sucesso de invenções diagnósticas novas ou do retorno de antigas terminologias que, mesmo que fundadas em observações corretas, na maioria das vezes só têm por efeito evitar o diagnóstico de estrutura. Assim, por exemplo, com as "neuroses narcísicas", que se acreditava, a partir da primeira elaboração de Freud, estarem colocadas do lado das psicoses; ou com a paradoxal "psicose histérica"; ou ainda com a idéia de uma "estrutura psicossomática"; ou, do lado da criança, com essas "desarmonias evolutivas", cognitivas ou afetivas, que nos fazem sonhar com uma harmonia evolutiva bastante incerta.

De fato, todas essas invenções – e por excelência a de estado-limite – se apóiam em semiologias vizinhas que podemos seriar em três categorias: em primeiro lugar, o aumento do número de depressões atípicas; em segundo, a inadequação do diagnóstico de estrutura perversa a condutas perversas, relançando a distância entre perversão e perversidade, particularmente para o dito psicopata; em terceiro, as torções da imagem do corpo – de fato, do narcisismo –, não-redutíveis aos modelos de construção imaginária da psicose, da neurose ou da perversão.

A segunda parte deste ensaio será dedicada a essa clínica, mas fiquemos primeiramente nas questões epistemo-históricas (no sentido de história das ciências) colocadas pela invenção desse conceito.

A introdução do diagnóstico de estado-limite, além de impor, como vimos, uma reflexão sobre a condução da cura, sobre a prática analítica, isto é, sobre a transferência e a interpretação, também não deixa indene, pelos problemas psicopatológicos assim identificados, a metapsicologia freudiana. Por um lado, rebatendo a clínica psicanalítica – clínica do significante e clínica da transferência – numa clínica psiquiátrica – da observação e da descrição –, na qual o ideal é o da patognomonia, quer dizer, de uma relação unívoca entre a estrutura e suas manifestações, a clínica do sujeito se reduz a uma clínica do eu [*moi*] e seus estados. Por outro lado – e sobretudo –, ela exige uma crítica da psicopatologia freudiana em sua dependência em relação à metapsicologia: assim, muitos dos casos freudianos, além do *Homem dos lobos*, seriam naturalmente considerados como estados-limites, até mesmo muitos casos evocados por ele como de histeria. De fato, possivelmente esquecendo Freud, os autores, particularmente os franceses, serão levados a só deixar um lugar aos estados-limites sob a condição de contestar a idéia central, em Freud, de que "a neurose é o negativo da perversão", a ponto de as perversões não serem mais consideradas a não ser como variantes de estados-limites; o que assim está em jogo é, ao mesmo tempo, a teoria da fantasia e a do sintoma. Não é por acaso – e isto será privilegiado em nossa leitura – que estes dois conceitos, já presentes em Freud, aquém da produção específica do conceito de "foraclusão do nome-do-pai", sejam, um após outro, nodais na obra de Lacan, o objeto *a* dando, particularmente, o meio de explicitar um, o significante "sinthoma" vindo precisar o segundo. Ainda que concordando com uma crítica da egopsicologia e com certo apoio em Melanie Klein e nos kleinianos, os teóricos do estado limite – Kernberg e Kohut seguramente, Green e Bergeret também – chegarão a uma crítica da teoria freudiana da fantasia, até mesmo a um novo relançamento da hipótese traumática, revisitada na relação precoce com a mãe. Na base disto, muito perto da descoberta freudiana e das críticas rápidas de Green a Lacan, está a concepção do real e da realidade – e sua distância –, que deve ser examinada a propósito destas situações, o que será feito precisamente no capítulo 7.

Em outro nível que o interno à história da psicanálise, deve-se constatar que esse diagnóstico não surge em um momento qualquer, nem em qualquer lugar, apesar de algumas evocações anteriores sucintas; ele se desenvolve nos Estados Unidos, depois da Segunda Guerra Mundial. Deixando de lado uma história anedótica, que não deixaria de ter interesse para quem a estudasse, duas considerações mais teóricas são necessárias, tanto mais porquanto são abordadas pela literatura sobre a questão. Em conseqüência de *Malaise dans la culture* [Mal-estar na cultura] e de outros textos de Freud em que a parte antropológica da exposição não deve dissimular seu valor clínico, este estado limite deve ser pensado ao mesmo tempo que o estado da sociedade e o das condições da socialização afetados por um declínio da função paterna – evocados por Freud, abordados por Jean Bergeret – e, mais estruturalmente, por um declínio dos nomes-do-pai, quer dizer, dos significantes – aceitos e recalcados ou recusados e foracluídos – que fundam a identidade do sujeito no *socius*. O estado limite é, em primeiro lugar, uma resposta adequada a uma incerteza das referências que caracteriza o laço social contemporâneo. É por isto que, saindo de seu consultório e abordando o que se pode descrever como patologias psicopáticas, o analista deve pensar em conjunto o sofrimento individual e o sofrimento coletivo nos fracassos do que se chama a inserção social, sob a condição de não esquecer que sua competência, apesar de suas incidências políticas, se limita ao exame da constituição subjetiva. Esta datação do conceito o situa na seqüência da catástrofe humana – social, mas também subjetiva – que foi a *Shoah*, na lógica paradoxal de exterminação, de supressão radical dos judeus e dos ciganos (e das questões que eles colocavam com relação ao liame social, pela própria existência deles) e de supressão dos vestígios desta supressão, isto é, a injunção que acompanhou esta exterminação, a de esquecê-la, a que alguns se agarram e que para cada um põe em novos termos a questão da memória. Acho muito judicioso que Green termine sua coletânea de artigos sobre os casos limites por um ensaio sobre o mal, no qual é evocada a *Shoah*, o que para alguns poderia parecer, erroneamente, fora do assunto. A *Shoah*, enquanto operação real sobre o originário e sobre o vestígio, exige a inauguração de um novo pensamento do patológico quanto à questão "o que é uma falta*?", ou, melhor, "o que é a falta originária?". Não é mais possível pensar resumi-la nem, como a religião, por um pecado original, nem, como a psicanálise, em seu início, pelo incesto e pelo assassinato do pai. O sujeito em estado limite se coloca e nos coloca esta questão da culpabilidade.

Para voltar ao estado do saber, a terceira constatação – à qual se reduzem as justas observações que acompanham a abordagem cognitiva desses estados – é que o sujeito em estado limite é o sujeito pós-moderno, ou, poder-se-ia dizer, a caricatura do sujeito moderno, defrontado não somente com um mal-estar da civilização que ele faz seu, com uma derrota dos valores, mas também com um estado da ciência que lhes é associado e marca o fim do sujeito cartesiano. A pane do pensamento de que seria vítima este sujeito se articula com a observação heideggeriana de que "a ciência não pensa" e com a apologia de um pensamento técnico, até mesmo tecnológico, que tenta dar novamente um sentido, um sentido realista a discursos caracterizados, a partir do início do século XX, por seus limites internos e externos e suas dispersões. A técnica mantém artificialmente viva

* Em francês, *faute*, que remete, além de a uma falta no sentido de algo que faz falta, a uma falta no sentido de "erro", de pecado moral, de "pecado original".

a Ciência – ou deveríamos escrever A̸ Ciência, no mesmo sentido em que Lacan escreve A̸ Mulher, para indicar a ausência de um significante unitário do feminino –, ali onde as ciências ao mesmo tempo se separaram entre si e relativizaram seu domínio de um real. É neste sentido que o sujeito em estado limite se tornou o novo histrião da medicina, ou melhor, do médico, parcialmente destronando a histérica, que empurrava para um saber ao qual resistia, ali onde ele se faz objeto, até psicossomático, de uma técnica que ele interroga até o limite. Seguindo o percurso que Jean-Pierre Lebrun[4] nos propõe, se a medicina experimental transformou a medicina de uma arte em uma ciência de curar, os impasses da Ciência – tanto a ruína de uma ideologia universitária e cientificista, quanto a impossibilidade de isolar uma ciência médica, um discurso independente de sua aparelhagem – nos fizeram chegar a uma tecnologia do curar. A partir deste momento, o sujeito desaparece ainda mais atrás de uma objetalidade que não é mais a da *res cogitans*, mas a de um objeto de cuidado, dando primazia ao corpo anatomofisiológico em relação à alma, ali onde o desejo parecia ao mesmo tempo contestar a divisão escolástica da alma e do corpo e colocar o discurso, que afeta tanto o corpo de desejo, quanto o pensamento, em lugar de agente duplo do mal e de sua cura.

Se se trata exatamente, através do avatar de um estado limite, do sujeito moderno, compreendemos rapidamente por que este estado limite deve ser relacionado à adolescência – e sob três modos. Primeiro, comparando o estado limite a um estado prolongado de adolescência; assim, ao ler o que eu chamaria de a ideologia DSMista[5], podemos constatar que os critérios que permitem isolar este diagnóstico poderiam passar por critérios de uma crise de adolescência, seja sua saída normal ou mórbida – e numerosos trabalhos anglo-saxões ou franceses pelo menos lembram este paralelo –; depois, como é espantoso em Masterson e Laufer, até mesmo em Kernberg, multiplicando o diagnóstico de estado limite nos adolescentes,

---

[4] J.-P. Lebrun, *De la maladie médicale*, De Boeck Université, Bruxelas, 1993.

[5] Eu me permito este neologismo, pensando nesta nova identidade, o RMIsta. [R.M.I. é a abreviatura de *Revenu Minimun d'Insertion* (Renda Mínima de Inserção), isto é, um subsídio dado às pessoas que não possuem renda, no sentido de favorecer sua inserção profissional;RMIsta (*érémiste*) é o nome dado ao participante do programa. (NT)].

com razão de um ponto de vista descritivo, mas evitando, por vezes com justificativas éticas, um outro diagnóstico de estrutura, no entanto mais correto; enfim – e é este nosso ponto de vista –, porque a adolescência, que é ao mesmo tempo operação psíquica tão fundamental quanto as primeiras identificações e testemunho exemplar do estado de uma civilização, pode ser imediatamente definida como um estado limite.

2. A criança de Natal, com Freud

Retornemos a Freud: das *Cinco psicanálises*, a do *Homem dos lobos* é notável por diversos motivos, dos quais mencionaremos aqui três. Em primeiro lugar, ela ocupa um lugar singular entre a prática clínica de Freud e o movimento psicanalítico, ou seja, entre psicanálise em intensão e psicanálise em extensão. Em segundo lugar, ela compreende e implica toda uma série de prolongamentos teóricos sobre o estatuto do Édipo, sobre a função e a saída das fobias infantis, sobre a natureza do objeto, a articulação das pulsões, a escolha da neurose, a relação entre interpretação e construção, a distância entre o sonho e a fantasia, etc. Em terceiro lugar, ela coloca um problema diagnóstico incessantemente relançado pelas leituras do caso que, em particular, dará matéria a elaborações de Melanie Klein, de Jacques Lacan ou de André Green. No decorrer de todo este ensaio e, em particular, na terceira parte, Sergueï Pankejev será evocado, tanto mais porquanto, no conjunto da literatura psicanalítica sobre o estado limite, ele é apresentado como um caso *princeps*.

A loucura do Homem dos lobos

Se Freud opta – ao menos no texto de 1918, já que o caso será citado em diversos artigos ulteriores – pelo diagnóstico de neurose obsessiva constituída sobre uma neurose fóbica infantil, isto se dá sem negligenciar os traços histéricos, perversos ou paranóicos mais tarde sublinhados por sua segunda analista, Ruth MacBrunswick. Na história de Sergueï – mais do que no relato de Freud –, domina uma polimorfia sintomática – evidentemente não-redutível ao que é a polimorfia da histeria – que coloca um problema de estrutura. Se ficássemos numa psicopatologia descritiva, poderíamos descrever este caso, para parodiar o sucesso psiquiátrico da pretensa "psicose histérica", como uma "psicose obsessiva", enunciado que obviamente, para o analista, é imediatamente impossível.

Já em 1932, Melanie Klein é levada a articular, de seu ponto de vista, neurose e psicose[1]: "A neurose obsessiva é somente um meio de cura entre outros, utilizados pelo eu [*moi*], a fim de superar essa angústia psicótica da primeira infância... Essas mudanças [do objeto fóbico] estão ligadas, segundo penso, aos mecanismos que subtendem a neurose obsessiva e que começam a funcionar no segundo estádio anal. A neurose obsessiva teria como objetivo curar o estado psicótico que ela recobre e as neuroses infantis comportariam tanto mecanismos obsessivos, quanto mecanismos próprios a um estádio anterior do desenvolvimento". A alternância, no *Homem dos lobos*, de manifestações neuróticas sintomáticas, durante toda a sua vida, e de uma escolha de objeto sexual de tonalidade perversa (resto de uma apropriação do coito *a tergo* da cena primitiva) corresponde perfeitamente ao que Melanie Klein teoriza sobre a fase sádico-anal vetorizada pelo objeto fóbico. Mas também a insistência repetitiva de fenômenos originalmente alucinatórios ("o dedo cortado"), depois delirantes (explicitamente, no relato de Ruth MacBrunswick, o excesso de religiosidade que ultrapassa a ritualização obsessiva, no relato de Freud), parece indicar a persistência da posição esquizo-paranóide. Enfim, a "depressão de cinco horas", não-redutível a uma depressão edipiana, dominada pelo Édipo, avizinha-se a um retorno da posição depressiva.

O que é flagrante no *Homem dos lobos* é que seu estado não é explicável somente pela teoria do recalque, que certamente age como transformador e agente de vetorização – assim, por exemplo, na construção do sonho como interpretação da cena primitiva –, mas fracassa em assegurar a neuro-

---

[1] M. Klein, *La Psychanalyse des enfants*, PUF, Paris, 1959, pp. 272-276.

se. Essa questão será central para Lacan. Com efeito, se Lacan[2] considera o *Homem dos lobos* como obsessivo, é também a partir deste caso e de um episódio particular – "a alucinação do dedo cortado" – que ele valoriza o conceito de *Verwerfung*, sobre o qual se sabe que, traduzido por foraclusão e aplicado ao nome-do-pai, designará o mecanismo específico da psicose na teoria lacaniana. Tratar-se-á, particularmente no capítulo seguinte, desta teoria, mas já podemos apontar o embaraço de Lacan a propósito deste fenômeno de psicose numa estrutura suposta neurótica, na qual, eu diria, se distinguem um estado do eu e a estrutura do sujeito: "O sujeito de forma alguma é psicótico. Ele tem somente uma alucinação. Ele poderá ser psicótico mais tarde, mas não o é no momento em que tem este vivido absolutamente limitado, nodal, estranho ao vivido de sua infância, inteiramente não-integrado. Nesse momento de sua infância, nada permite classificá-lo como uma esquizofrenia, mas se trata exatamente de um fenômeno de psicose". Assim, o caso do *Homem dos lobos* testemunharia, no nível da clínica, a imprecisão de um limite, não entre duas estruturas, mas entre a estrutura neurótica e a experiência autenticamente psicótica. É este limite, na vertente da psicose, que Lacan vai precisar em seus trabalhos seguintes até que, mais tarde, a propósito de Joyce, ele vai evocar uma situação clínica, de toda forma inversa, em que uma construção neurótica evita o que, da estrutura, votava o sujeito à psicose. De Sergueï a Joyce, ele seguirá uma elaboração, propriamente falando, metapsicológica, da qual faremos uso na terceira parte deste ensaio.

Mas essa problemática diagnóstica do *Homem dos lobos* já legitima a reabilitação, ou melhor, a tentativa de conceitualização psicanalítica, por André Green, do antigo termo "loucura[3]". No capítulo intitulado "Paixão e destinos das paixões", ele expõe o que nomeia "o caso mais enigmático da psicanálise". Uma vez lembrado o caráter duplamente falso da esperança de Freud, pela limitação à abordagem da neurose infantil e pela polêmica com Jung, deixando na sombra, portanto, as questões contratransferenciais, André Green insiste com Freud na "faculdade [do paciente] de conservar simulta-

---

[2] J. Lacan, *Séminaire I*, Seuil, Paris, 1977, e *Écrits*, Seuil, Paris, 1966.

[3] A. Green, *La Folie privée*, op. cit..

neamente os mais variados e os mais contraditórios investimentos libidinais, capazes de funcionar lado a lado", e "no que saiu de emoções afetivas", ao passo que, "no domínio da lógica pura, nosso doente manifestava, ao contrário, uma habilidade particular para encobrir tanto as contradições quanto as incompatibilidades". E Green então sublinha uma clivagem entre a loucura do *Homem dos lobos*, loucura causada pela fixação à cena primitiva, e sua psicose, marcada ao mesmo tempo por um uso de foraclusões e por esta dupla lógica, afetiva e intelectual, cuja distância é analisada por Freud no artigo sobre a *Verneinung*. O *Homem dos lobos*, assim, não bascularia nem para o lado do *Homem dos ratos*, para a neurose obsessiva, nem para o lado de Schreber, para a psicose, tendo sucesso em deixar operar um duplo funcionamento psíquico. No texto sobre "o duplo limite", Green fará da alucinação negativa deste "caso limite que é o *Homem dos lobos*", desta "negativação do sangue que deveria escorrer da ferida", na medida em que "a alucinação só angustia pelo vazio que separa o dedo", um paradigma daquilo que, nos estados limites, excede o que resta contido pelos processos lingüísticos e se manifesta clinicamente pela aparição de um "branco de pensamento", ou por uma "suspensão", que é sua herança. De toda forma, para André Green, o *Homem dos lobos* constitui um caso ideal do estado limite, em que coexistem, de maneira mental ou dramática, segundo os momentos, um processo neurótico e um processo psicótico, graças a algumas operações específicas.

O sonho e a cena

O caso do *Homem dos lobos* se presta a uma "revisão", ao menos no sentido pedagógico, de toda a metapsicologia e eu ficarei em algumas pistas necessárias às demonstrações deste ensaio. De modo humorístico, poder-se-ia dizer que ele se inscreve numa série de figuras heróicas – a meio caminho do mito – que balizam uma história da clínica dos estados limites, em que poderiam também ser nomeados Jesus, Joyce ou Pinocchio. Como herói, eu o nomearia de outra forma: a Criança de Natal, posto que sabemos que ele teria nascido no dia de Natal – incerteza ligada aos calendários russo e romano –, que esta data de aniversário retornará precisamente em seu relato da cena originária, que a árvore dos lobos será um abeto de Natal e que seu pensamento religioso e místico nisso encontrará um de seus impulsos.

Se a relação entre o sonho e a cena originária me interessa aqui, é menos quanto à realidade histórica, ontogenética ou filogenética, desta história – o que interessa Freud em seu debate com Jung – e mais por duas razões, prática e clínica.

A emergência, na cura, da cena originária se situa no limite da interpretação por Freud do sonho dos lobos, que seguia, de modo exemplar, o processo de análise descrito no capítulo VII da *Traumdeutung:* desmontagem ao pé da letra, por identificação de condensações metafóricas e de deslocamentos metonímicos, para daí tirar os mais primários determinantes simbólicos, os determinantes mais próximos da determinação literal significante. O relato da cena originária, passo a passo extraído por Freud, vem valer como uma outra interpretação do sonho; ali onde o analista puxaria o fio de um real do simbólico, o que se apresenta então é um real do imaginário, que não é menos insistente em fazer barreira ininterpretável, em não poder, por sua vez, ser interpretado a não ser no só-depois, por uma construção – não mais uma interpretação – do Édipo como continente *a posteriori*, continente psico- e filogenético ao mesmo tempo, de um real originalmente percebido como fora-sentido. "O que não é reconhecido irrompe na consciência sob a forma de um visto", propõe Lacan, porém isso é verdadeiro não somente para a cena originária em sua atualidade infantil, mas também para o relato aos pedaços que dela é feito na cura. Problema clínico, mas também de prática da interpretação, na medida em que, se o trabalho do analista sobre o sonho suscita esta emergência primária, é do lado do analisante que insiste como um real – não-simbolizável e mal simbolizado no sonho –, o que a fobia assinala, essa cena que vale como interpretação da interpretação e só deixa ao analista a exigência de uma construção frágil.

Essa referência a um "traumatismo" – entre aspas porque pouco nos importa sua realidade – não emerge, nesse registro originário, pré-edipiano mesmo que edipianizado posteriormente, em qualquer paciente, pois não é redutível à primeira cena de sedução da histérica, aparecendo sempre sob um modo mítico que reúne filogênese e psicogênese. Desta forma, essa cena faz signo como esse "traumatismo desorganizador precoce", inaugural, para Jean Bergeret, do "tronco comum dos estados limites[4]", em que o genital se impõe antes das condições de sua simbolização fálica. Nem toda evocação do coito parental deve ser localizada na categoria "cena originária" e esta cena originária não é redutível à visão do coito parental. O que é visto, porque não-reconhecido, é o coito parental enquanto está na origem da existência do sujeito, sujeito então concebido como produto de uma não-relação sexual (já que pré-fálica), como resultado de um mal-entendido real, ou, mais trivialmente, para o *Homem dos lobos*, como uma "merda", aquela que será suposta haver tido como efeito evitar essa cena insuportável. Isso certamente deixará a possibilidade de uma solução obsessiva, objetalizando essa analidade, mas também indicará por que tal sujeito, em quem essa cena insiste para-além de sua interpretação edipiana, oscilará facilmente entre práticas perversas que privilegiam o anal e acessos depressivos que o remetem a sua qualidade de dejeto.

O olho e o ânus

Pulsão escópica e pulsão anal ocupam assim uma posição principal no psiquismo do *Homem dos lobos*, certo que na dupla vizinhança da neurose obsessiva e da perversão, mas segundo uma solução sensivelmente diferente, que justifica um desvio por uma das contribuições teóricas de Françoise Dolto[5]. De fato, se é justo evocar, com Lacan – a propósito da alucinação do dedo cortado, mas também do lugar insistente, mesmo após sua interpretação, da cena originária –, uma foraclusão da castração, além da precisão que deve ser dada, no capítulo seguinte, ao conceito de foraclusão, isto supõe uma definição da castração, no que nos guia Françoise Dolto.

A castração não é simplesmente dada pelo pai real apoiando-se no pai simbólico, primeira ocorrência lógica e genética do simbólico; ela só

---

[4] J. Bergeret, *Psychologie pathologique*, Masson, Paris, 1976, p. 99.

[5] F. Dolto, *L'Image inconsciente du corps*, Seuil, Paris, 1985. Cf. A. e J.-J. Rassial: "De l'image inconsciente du corps", in *Quelques pas sur le chemin de F. Dolto*, Seuil, Paris, 1988.

age sendo simbolígena, quer dizer, dialética, produtora do simbólico em que ela se inscreve. Ora, se há, no *Homem dos lobos*, efetuação de uma castração simbólica, essa castração não tem efeito simbolígeno de humanização. Ela tem lugar, a partir da cena originária, sob um modo fracassado em sua essência, de modo que seu gesto se repetirá através de uma história – que se poderia qualificar de história-tela – tal que a castração como gesto se repete, mas sem conseqüência estruturante, sem efeito nem distributivo do gozo, nem fundador do sintoma desse modo lábil, numa proximidade com a perversão.

A condição da castração fálica, isto é, "primária", é que ela seja logicamente precedida e exigida por outras castrações; no caso, a castração anal. Em outros termos, esta castração fálica, primária, por reorganizar radicalmente o psiquismo (sem excluir que se a conceba religiosamente), é também inscrita numa história. Lembremos que, para Françoise Dolto, a castração anal não diz respeito simplesmente ao objeto fezes e à fonte anal, mas ao conjunto da motricidade, até mesmo à ética do sujeito, em sua relação com seu próprio corpo, com o mundo, com os objetos, com as pessoas. Ora, é exatamente dessa castração anal, dada pelo pai, que se trata aqui. O efeito da cena originária é uma submissão da castração fálica à castração anal, certamente próxima da neurose obsessiva, por exemplo a do *Homem dos ratos*, mas com um duplo desvio. Por um lado, porque as fezes serão idealizadas, como presente, como dinheiro, como filho, o que Freud indica estendendo-se longamente, mas também por sua função de interromper, segundo a lembrança de Sergueï, o triplo coito parental; ao passo que, no obsessivo, se as fezes são presente para a mãe e fundam um estatuto do objeto, é na medida em que deixam intacta a posição fálica do pai, que só estará em jogo num segundo tempo. Por outro lado, porque o recalque não opera sobre essa dita castração anal, do que testemunha a solução pseudoperversa, assim como as vias religiosas da sublimação. O ânus nem é transformado em zona de dor ali onde era zona de gozo, como no obsessivo, nem validado, segundo a linha de uma homossexualidade paranóica, como ânus solar ou como este "sexo anal" que um psicótico, filho de magistrado, opunha ao "sexo da frente: o sexo penal". Trata-se de toda a ambigüidade do que é visto no "coito *a tergo*" – relação anal ou genital, não se sabe, nem Freud, nem, justamente, o *Homem dos lobos* –, reservando-se a possibilidade, justamente, de que esta castração anal, antes que se prolongar na castração fálica, encontre seu lugar de aplicação na pulsão escópica.

Isto leva a sublinhar uma outra questão metapsicológica. Não é sob um modo obsessivo que o *Homem dos lobos* se tornará pintor. É certo que Lacan tem razão ao sublinhar como Freud permite encontrar o que se pode nomear como um real do simbólico nos determinantes dos significantes, do W de *Wolf* ou do SP de *Wespe* – não me demorarei nisso, lembrando apenas que Sergueï Pankejev ouvirá e aceitará este novo nome do pai que Freud lhe deu ao assinalar suas telas Wolfman –, mas ele também insistirá no que se pode chamar de um real do imaginário, na outra face dos significantes, sustentado pelo olhar, o olhar do *Homem dos lobos*, como o olho dos próprios lobos. Michèle Montrelay insiste nisso[6]: "Há fotos do *Homem dos lobos*. Os olhos, lagos de sombra, de infinita ternura, não se fixam em nada de preciso. Como que distantes, chamados, estes olhos parecem escutar. Ora, o *Homem dos lobos* é incitado por Freud a falar. Ele faz isso facilmente, sem dúvida com uma voz tranqüila, bem colocada. No divã, o corpo deve sê-lo também: os braços, os joelhos simetricamente dispostos, o corpo tranqüilamente levado pela elocução regular da fala. Sonhar, contar, associar, o discurso caminha, circula, mas o sentido conta muito pouco. É no Outro que a voz desenha, em negativo, a feminilidade. O que falta ao *Homem dos lobos*? Ele não sabe". Michèle Montrelay sublinhara antes, em seu artigo, que há, no *Homem dos lobos* em particular, um jogo pulsional complexo: "Nenhuma pulsão agindo separadamente. Não há anal ou oral, ou escópico ou 'invocante' puro, mas sua disposição recíproca, não-homogênea, que faz furo porque cada pulsão é parcial. Aqui o ouvido se abre para o Outro, que um olhar fecha: o do animal que faz ver à criança seu próprio terror. Mas, porque este olhar-lobo se conta como merda, o desejo se pontua como anal. O sonho dos lobos realiza uma semelhante montagem: lobo-voz chama, depois se queixa, olhar-pai se retesa diante do olho que ele remete a um ânus vazio".

Instaura-se um circuito entre pulsão anal e pulsão escópica que não submete o falo – o falo enquanto significante – nem a uma operação de

---

[6] M. Montrelay, *L'Ombre et le Nom*, Minuit, Paris, 1977.

inscrição, nem a uma operação de foraclusão. É isso que permite que, mobilizado pelo exterior, tanto pelo social quanto por sua cura, se instaure um semblante de nome-do-pai, ligando o objeto à letra, mais vestígio de um pai real que de um pai simbólico, pai que tem o nome de "lobo", sobre o que Freud insiste, ainda que o lobo simbolize também a mãe. Se a questão do feminino perseguirá o *Homem dos lobos*, como mostra Michèle Montrelay, é a de um feminino anal que não regulamenta definitivamente o ideal bissexual, aquele fantasmado neste "casal-combinado" da cena originária, sem abrir para uma verdadeira solução homossexual, sendo o exercício genital principalmente permitido o de ver.

Sintoma da psicanálise

Sabemos que, a título de caso *princeps*, Sergueï Pankejev recebeu, durante toda a sua vida, uma quantia da *Associação psicanalítica internacional* e que os analistas foram os maiores compradores de suas obras. Teria sido simplesmente para agradecer-lhe por ter servido para varrer, com uma reversão pouco elegante, as teorias de Jung? Ou como um compartilhar, por Freud com seus alunos, de uma contratransferência que transpirava tanto aqui como em Dora? Deixemos de lado a anedota para pôr uma questão que se refere mais amplamente ao sujeito em estado limite, fazendo desta vez avizinharem-se Sergueï e Ferenczi que, como mostrou T. Bokanowski[7], o sucederá no divã, da mesma forma que a evocação de um sucede a evocação do outro em "Analyse avec fin, analyse sans fin" [Análise com fim, análise sem fim]. Freud opõe aquele a quem impõe um fim datado da cura, com este reverso de ver depois fracassar sua esperança terapêutica, àquele que só pode terminar sua cura, à força, com uma separação dramática, denunciando uma análise incompleta. Seguindo François Roustang[8], sustentarei a idéia de que tanto os momentos psicotizantes da cura, o tipo de alienação particular produzido por uma transferência que se poderia dizer contradidática, quanto a existência de sujeitos que ele gracio-

---

[7] T. Bokanowski, *Études freudiennes*, nº 34, 1993.
[8] F. Roustang, *Un destin si funeste*, Minuit, Paris, 1976.

samente chama de "fronteiriços" não colocam uma questão a cada analista, mas à própria psicanálise.

Ou seja: o *Homem dos lobos* – e deste ponto de vista também o diagnóstico de "casos limites" lhe convém – suscita o que se pode chamar de uma transferência em extensão, para o grupo dos analistas assim como para o social, transferência orientada pela transmissão e seus impasses. Não é simples querela de especialistas o isolamento de casos em que o social e o grupal são imediatamente mobilizados de encontro ao que pareceria o privado, o íntimo da cura, casos que provocam simultaneamente uma inquietante estranheza, uma infamiliaridade, de infemiliaridade*[9], que questionam o laço social ao mesmo tempo que o analítico. O que está em jogo aqui é encontrado pelo menos através de quatro questões permanentes da psicanálise, que o sujeito em estado limite revela.

A primeira questão é a do desejo do analista na cura, posto que ele só evita se reduzir ao terapêutico inscrevendo-se e inscrevendo o sujeito numa outra genealogia. O sujeito em estado limite sempre nos apresenta três histórias: a de sua biografia, a da construção de sua fantasia, construção ainda inacabada, a da História com H maiúsculo, pois ele é naturalmente o herói ou o mártir dos acontecimentos sociais. De certa forma, o analista escreve uma quarta, a da psicanálise, com ele; nisto, o *Homem dos lobos* é exemplar.

Segunda questão, a da compreensão do ato artístico, não no registro de uma aplicação antropológica, mas de uma clínica da sublimação. Se Lacan encetou a questão com Joyce, considerando a escrita – voltaremos a isto – como instrumento de criação de um sinthoma que vale como nome-do-pai, o dom de Sergueï Pankejev, no duplo sentido do que lhe foi dado como talento e do que ele dá a ver, já é concebível assim. É nesse sentido que Marie-Claude Lambotte[10] pode passar de sua reflexão sobre uma melancolia próxima do que descreveríamos, com Bergeret, como depressão limite a uma pesquisa sobre a obra e a criação.

---

* Em francês, *infemille*, possível jogo de palavras entre *femme*, "mulher", e *famille*, "família". (NT)

9 P. Lévy, *L'infemmille 1 et 2*, republicado em *Le Psychanalyste et quelques autres*, Érès, Toulouse, 1996.

10 M.-C. Lambotte, *Esthétique de la mélancolie*, Aubier, Paris, 1984; e *Le Discours mélancolique*, Anthropos, Paris, 1993.

Terceira questão – a que domina no estudo de Freud –, esses sujeitos em estado limite exigem uma articulação vigorosa entre uma abordagem psicogenética e uma abordagem filogenética, quer dizer, entre o privilégio dado à história individual do sujeito ou a sua inscrição numa História do laço social, orientada pelos mitos fundadores de cada "tribo". Apresenta-se como paradoxo das elaborações atuais o fato de que, por um lado, seja privilegiada quase exclusivamente uma abordagem psicogenética em que o social só constitui uma decoração adequada e, por outro, se desconheça o quanto a teoria do simbólico, de Lacan, precisamente revisada por uma crítica do espiritualismo lingüístico e por uma nova concepção do real, é um meio extraordinário para pensar esta articulação.

Quarta questão, o *Homem dos lobos* e os sujeitos em estado limite exigem uma mobilidade tanto do enquadramento da cura – por exemplo, a colocação de um fim "intempestivo" indica isto –, quanto do ato do analista entre interpretação e construção. Este é um problema que se coloca no liame transferencial, mas também para situar a psicanálise na cidade, como uma prática leiga que, de toda forma, se separa das ideologias religiosas, terapêuticas e cientificistas.

3. Operadores psíquicos, com Lacan

Pode parecer paradoxal passar por Lacan, depois de Freud, para estudar os estados limites, pois este diagnóstico parece justamente excluído da clínica lacaniana. Com efeito, esta se detém nas três estruturas essenciais, neurose, psicose e perversão, incompatíveis entre si, logicamente, pelo tratamento da negação que elas efetuam. Ora, o conceito de negação é completamente central para a lógica do estado limite, definida por André Green como a do "nem sim, nem não". Numa abordagem lacaniana ortodoxa, haveria, neste sentido, solução de continuidade entre as três estruturas.

A neurose usa a negação, a *Verneinung*, para "distrair" – tradução proposta para a *Verdrangung*, o recalque – e traduzir, entre os significantes, aqueles que se tornarão significantes recalcados e, no nível primário, o falo. Assim, as regras que regem a neurose são fundamentalmente gramaticais, como mostra Freud no artigo de 1925, e será na língua que fará signo o que falta em ser [*manque à être*]. Diferente segundo as neuroses, esta falta em ser afetará de maneira privilegiada o saber, de que o sujeito é devedor na obsessão, o corpo, sempre defeituoso na histeria, o objeto separado do significante, na fobia. Deixo em reserva minha concordância com C. Melman ao considerar a marginalidade da fobia no campo das neuroses. Tratar-se-á disto nas III[a] e IV[a] partes deste ensaio.

Quanto à psicose, ela se regra por um outro tipo de negação, sobre o qual insistirei, a foraclusão, para traduzir *Verwerfung*, que voltaria no real, isto é, o impossível de simbolizar, o que põe ordem na cadeia significante. Contrariamente à neurose, não se trata principalmente de recalcar significantes, mas de foracluir o que vetoriza a cadeia, não abolindo a língua, mas o que faz da língua a condição do inconsciente; o que se assinala então pelo retorno no real do que é desligado, o saber, no delírio paranóico, o corpo, na alucinação esquizofrênica, o ser, na depressão extrema do melancólico. Aqui também, deixo em reserva – depois, em particular, de M.-C. Lambotte – o estatuto particular da melancolia, no limite das psicoses.

A terceira estrutura, sobre a qual Lacan se mostra mais modesto em sua teorização, dando antes direções de pesquisa, é assim a perversão. Seguindo Lacan em sua leitura do artigo de Freud sobre a "*Spaltung*", pode-se atribuir-lhe como mecanismo essencial de negação a *Verleugnung*, freqüentemente traduzida por renegação [*déni*], atribuindo-a eletivamente à psicose como renegação da realidade, e que podemos também, seguindo a posição inglesa, traduzir por condenação [*désaveu*] ou desmentido [*démenti*] agindo sobre a castração. Não se trata, então, de foracluir essa castração, nem de usá-la negativamente, mas de ter êxito em evitar qualquer conseqüência da passagem de uma atribuição primária do falo à mãe a uma atribuição ao pai, deixando ao sujeito o poder – nostalgia de um gozo Outro e de uma onipotência infantil – de transformar um objeto qualquer em instrumento, ao preço econômico de uma clivagem que pode, por exemplo, seguir a clivagem neurótica do público e do privado, ou a psicótica, do real e da realidade.

Assim, o estado limite só indicaria o limite do analista em recortar a escolha diagnóstica da estrutura, isto é, em identificar o tipo de negação essencial para um sujeito, atinja ela a constituição mesma dos significantes, o discurso, ou ainda as conseqüências do fato de que a língua – portanto, a castração – nos habita e nos veste. Se puxo aqui de outra forma os fios do ensinamento lacaniano, é a partir de três posições de leitura.

Aqui não é definido como lacaniano aquele que serviria a Lacan e ao dito "lacanismo", mas aquele que "usaria" os significantes lacanianos com os quais, necessariamente, uma reflexão no campo da psicanálise esbarra. Se deixarmos de lado uma posição política de herdeiro que faz de Lacan uma figura emblemática, opõem-se duas leituras, que definitivamente nada permite reduzir: ou Lacan é considerado como fundador de uma nova doutrina, certamente que seguindo as questões levantadas por Freud, mas com um corte epistemológico entre um e outro; ou como aquele que teve sucesso em produzir os conceitos que, em Freud, restaram, malgrado seu cientificismo, em estado de noções. A coerência suposta da doutrina lacaniana é, então, simplesmente, a da psicanálise, sendo a etiqueta "lacaniano" um adjetivo mais que um nome (ou pior, um título), que qualquer um pode reivindicar, se lê Freud passando por Lacan.

A clínica de Lacan, como apoio obrigatório de sua teoria, seguiu vias menos dogmáticas do que se crê. Assim, para construir o conceito de foraclusão, a via foi longa e complexa. Ele evoca este termo no caso do *Homem dos lobos*, depois o opõe dialeticamente à *Verneinung* e somente dois anos mais tarde o aplicará verdadeiramente à psicose. Também o conceito de nome-do-pai se move: originalmente é associado à questão da foraclusão, portanto, da psicose, ali onde a função paterna tinha função primeiramente de noção antropológica; depois, passando do singular ao plural "nomes-do-pai" (com o jogo de palavras "les non-dupes errent*"); enfim, no seminário sobre o sinthoma, no qual Lacan sugere outra saída que a psicose para a carência do nome-do-pai. Lendo-se estes seminários, em sua versão não-revisada – quer dizer, não necessariamente dogmatizada –, descobre-se como Lacan procede por idas e vindas, abandonando certos caminhos que pareciam absolutamente delineados, até mesmo, como Freud, requestionando os próprios fundamentos de sua teoria.

Até mesmo as categorias real, simbólico e imaginário – com um efeito imediato sobre os conceitos que nelas se inscrevem – não são construídas de uma vez por todas no anos 50, de modo que não há, em Lacan, teoria unitária do significante e do objeto – o que o leva a falar de "seus" significantes e não de conceitos. Uma vez dito que o período de 1954 a 1975 se caracteriza por uma prevalência concedida à dimensão simbólica, entre as outras di-mensões**, insiste mesmo Lacan, deve-se sublinhar que primeiramente o abandono de um modelo lingüístico por modelos topológicos, depois o

* Em francês, *les non-dupes errent*, "os não-patos (ou os não-tolos) erram" e *les nons-du-père*, "os nomes-do-pai", de extrema proximidade fônica, em francês. (NT)

* Em francês, *dit-mensions*: jogo de palavras entre *dimension*, "dimensão", *dit*, "dito" e, possivelmente, referindo-se à homofonia *mansion*, "mansão" e *mention*, "menção". (NT)

privilégio concedido à topologia dos nós têm um efeito radical sobre o que era uma hierarquia implícita, na qual ficaram aqueles que se afastaram de Lacan depois de terem sido seus alunos. O "último" Lacan – e isto não tem efeitos somente teóricos, mas clínicos e sobretudo práticos – desdobra assim uma nova concepção do real – de que faremos uso aqui –, que a partir de então não é mais simplesmente o "resto" de uma simbolização dominante, mas aquilo que ordena o conjunto RSI.

Da foraclusão

Para abordar o conceito de foraclusão, não partirei do seminário sobre as psicoses, mas da leitura de Lacan do artigo de Freud sobre a *Verneinung*[1], tanto mais porquanto André Green sublinha a importância da abordagem do modo de negação utilizado pelo sujeito em estado limite. Para-além da anedota clínica do obsessivo que, na transferência, usa a negação como uma forma de resistência, o que Freud indica, e sobre o que Hyppolite e Lacan insistem[2], é que a negação é determinante para a constituição mesma do pensamento, a ponto de que este artigo constitua uma resposta possível à questão de Heidegger: "O que se chama pensar?". Sigamos, pois, a segunda parte desse pequeno artigo, acompanhados por Freud e Lacan.

Freud opera, de fato, três reduções que nos interessam aqui.

A questão do pensamento se esconde atrás daquela do *interligere*, que só é desenvolvida a partir do julgamento, logo, da faculdade dupla de inteligência, de efetuar ligações entre representações e de decidir sobre representações aceitas ou não. O "eu penso" só vem secundariamente sobre um impensado que participa em negativo do pensamento. Pelo que devemos meditar na apóstrofe de Lacan em "subversão do sujeito e dialética do desejo": "Sou ali onde se vocifera que o Universo é um defeito na pureza do não-ser"; onde se vocifera – e não se enuncia – que a negação da negação dá

[1] S. Freud, "La Négation", in *Résultats, Idées, Problèmes II*, PUF, Paris, 1985.

[2] J. Lacan, "Introduction" e "Commentaire à la lecture d'Hyppolite", assim como o texto de J. Hyppolite, in *Écrits*, Seuil, Paris, 1966.

o único lugar do sujeito. É neste nível que se concebe a *Bejahung* freudiana, a afirmação primária de um "há". De onde a interrogação freudiana: em que este pensamento vociferante e impensável se torna discurso ligado?

Há pensamento enquanto atribuído ao sujeito, ainda não constituído como eu [*moi*]. A própria produção do fenômeno de pensamento acompanha a constituição do eu e o antecipa. O que permanece ambíguo em Freud é apontado por Hyppolite: o "eu [*moi*]-prazer" e o "eu [*moi*]-realidade" se apresentam numa atividade discordante em relação à constituição especular do eu [*moi*]. É exatamente do "pensamento" do sujeito e não do pensamento do eu que se trata. Lacan mostrará mais tarde a disjunção fundamental entre o "eu [*je*] penso" e o "eu [*je*] sou". Dito isto, é possível fazer uma crítica desta leitura de Hyppolite: de fato, ele faz de Freud – e Lacan então o segue – um hegeliano, ao passo que, além de Brentano, quase que explicitamente citado, sua abordagem, mais pessimista que idealista, se avizinha de um dos raros filósofos por ele citados: Shopenhauer. Estamos aqui numa relação entre o sujeito e o mundo que segue estritamente aquela do "mundo como representação", o mundo enquanto eu o penso, estando o sujeito numa relação de representação que inclui a negação, a "autonegação do querer viver", não numa dialética com o princípio de prazer, mas ali onde ele comporta sua própria negatividade.

Freud argumenta com uma das funções do pensamento inteligente, já que despreza o raciocínio em proveito do julgamento, com o qual ele entretém uma relação de secundariedade. Isto não deixa de ter conseqüências epistemológicas, sensíveis na teoria implícita da interpretação e da regra fundamental nesse artigo. A psicanálise, de encontro, por exemplo, a uma concepção da ciência como a de Popper, não rejeita o pensamento indutivo, inclusive fazendo dele o ponto de partida insubstituível de todo pensamento. Há uma operação, até mesmo uma série de operações não-redutível a uma axiomática, posto que subjetivada, logicamente anterior a todo raciocínio e tendo sua fonte no próprio lugar da constituição do sujeito, em sua expulsão do real.

Quando Lacan paradoxalmente se apóia neste texto para produzir o conceito de foraclusão – paradoxalmente porque, por um lado, a palavra *Verwerfung* está ausente do artigo de Freud e, por outro, Lacan não usa ainda a palavra "foraclusão", mas corte, supressão [*retranchement*] –, é aquém de um uso deste conceito aplicado à psicose, compreendendo toda operação de julgamento, seguindo Brentano – cujo ensinamento Freud, como seguramente Husserl, segue.

Primeiro são distinguidos o julgamento de atribuição e o julgamento de existência: o primeiro consiste em atribuir uma ou várias qualidades ou propriedades a um objeto já representado; o segundo, em decidir sobre a existência na realidade deste objeto assim qualificado. Notemos, para o anedotário, que Freud tinha de alguma forma testemunhado esta distinção em seus primeiros trabalhos psicanalíticos: enquanto um certo Syrski tinha suposto, por falta, uma atribuição macho a um órgão em lóbulos que, cito Jones[3], "devia representar os testículos ausentes" da enguia, Freud encontrou, na realidade da dissecção de enguias, este "órgão de Syrski" (sic).

No momento em que Freud escreve esse artigo, o debate se abre, no mundo germânico, para hierarquizar este dois julgamentos: Carnap será tentado pela redução realista, na qual o julgamento de existência prima sobre o julgamento de atribuição, enquanto Husserl, na continuação de Brentano, construirá a fenomenologia sobre a primazia do julgamento de atribuição, orientando a intenção sobre um julgamento de existência colocado entre parênteses. É esta segunda direção que Freud segue, é certo que com uma distância entre o ego transcendental e o eu-prazer, mas sob um modo que deveria acentuar a reflexão sobre a relação entre fenomenologia e psicanálise.

A atribuição de uma propriedade não se apóia, para Freud, numa consciência suscetível de transcendência que distribuiria as qualidades aos fenômenos, mas num eu-prazer original, que geraria forças de atração e de expulsão e já ordenaria binariamente as representações como boas ou más. "Expresso na linguagem das mais antigas moções pulsionais: isto eu quero comer, ou isto eu quero cuspir; isto eu quero introduzir em mim ou quero excluir de mim. O eu-prazer quer introjetar em si todo o bom e lançar fora de si todo o mau. O mau, o estranho a mim, o que está fora é para ele primeiramente o idêntico". Misturando Lacan e Klein, poder-se-ia dizer que o que se apresenta – representação primária – como coisa só se torna

[3] E. Jones, *La Vie et l'Oeuvre de Sigmund Freud*, tomo I, PUF, Paris, 1958, p. 42.

objeto tornando-se bom ou mau. "Assim", explica Hyppolite, "a distinção entre o estranho e si mesmo é uma operação de expulsão. No início, tanto faz saber se há ou não há; há". Então, uma lógica do valor, deôntica, até mesmo uma posição ética, no sentido de Spinoza, orienta o mundo desejado entre dentro e fora. Há uma percepção primária, percepção-representação, que produz um mundo do "há", sem negação, mas imediatamente clivado pelo eu-prazer para produzir o sujeito, que faz sua entrada no mundo por esta separação entre o bom e o mau.

O julgamento de existência dirige-se às representações assim orientadas e então colocadas à prova da realidade; os objetos ordenados devem ser reencontrados no mundo. Este julgamento de existência, logo, segundo, é atribuído por Freud não mais ao eu-prazer original, mas ao eu-realidade: "Trata-se, no julgamento de atribuição, de expulsar ou introjetar. No julgamento de existência, trata-se de atribuir ao eu, ou melhor, ao sujeito (é mais compreensível) uma representação à qual não corresponde mais, mas a que correspondeu, retrospectivamente, seu objeto", comentam Hyppolite e Lacan.

A interpretação de Lacan é simples: o julgamento de atribuição distribui as representações-percepções para constituir, por um lado, o simbólico, como o que é introjetado – o que é bom eu simbolizo –, por outro, o real do outro, como o que é expulso – o que não é simbolizado retorna no real –; ao passo que o julgamento de existência constrói a realidade como imaginária, encontrável no mundo – mas também no corpo – das representações introjetadas e simbolizadas.

Dois pares de operações são assim constituídos: primeiro o da *Ausstossung* (expulsão), dando a dinâmica da foraclusão, e da *Bejahung*, afirmação primária, simbolização sobre a qual agirá o recalque originário, primeira inscrição; ou simbolizo no inconsciente, ou expulso no real. O segundo par é o da *Verdrangung* (o recalque) e da *Verneignung* (a denegação), sabendo-se, como Freud diz e Lacan sublinha, que a lógica deste par não é mais a disjunção, pois o recalque e o retorno do recalcado são a mesma coisa.

O texto de Freud, então, não contém a palavra *Verwerfung*, mas Hyppolite e Lacan nele encontram o termo *Verurteilung*, sinônimo de *Urteilverwerfung*, que poderia nos interessar para considerar a operação limite. De fato, se este "julgamento de condenação" caracteriza para Lagache o fim da cura do obsessivo e se Lacan nele vê uma operação de supressão, ou, diríamos melhor, de abolição, "expulsão elevada ao poder de uma supressão", em sua associação com a *Ausstossung*, eu tiraria da posição de Freud duas conseqüências. A primeira é que o que será designado mais tarde como foraclusão não é uma ausência de operação, mas uma operação paradoxal de anulação, de abolição da operação perceptiva-representativa primária. Para que um significante seja foracluído, é preciso que ele ao menos seja apresentado: sem dúvida é a distância entre o autismo, enquanto ausência de uma representação-percepção, e a psicose, enquanto abolição de uma representação-percepção insustentável. A segunda é que esta expulsão-abolição não somente – voltarei a isto – pode agir sobre qualquer significante primário (S_1), mas também pode tomar diferentes formas segundo seu efeito seja *ôntico* – expulso um significante que deveria valer como fundador do sujeito – ou *ético* – expulso um significante que me orienta no mundo. Assim, a "foraclusão do nome-do-pai", na psicose de Schreber por exemplo, não equivale à "foraclusão da castração", no *Homem dos lobos*; até mesmo distinguindo também uma forma de foraclusão cujo efeito seria epistêmico, quer dizer, que expulsaria significantes que abririam para conceitos impossíveis na neurose, no sentido em que seria foracluído, nestes casos, o significante da relação sexual, por exemplo.

Assim, se abandonarmos o mito psicogenético, toda operação de pensamento compreende uma negação de mesma qualidade que a *Verwerfung*. O neurótico, como qualquer um, expulsa representações-percepções primárias, submetendo-se à lei de uma língua. Assim, a tagarelice da criança se estrutura em língua pela expulsão de um certo número de reuniões fonemáticas que não constituem palavras, nem mesmo estas palavras-secretas (para parodiar o "nome-secreto" que Leclaire estuda) que, estas, seriam inscritas no inconsciente; progressivamente a criança perde possibilidades de pronúncia fonemática, algumas delas só retornando através de línguas estrangeiras que puderam aceitá-las. Aprender a falar é, assim, ter obtido êxito em eliminar, abolir, separar a linguagem de outras possibilidades de concatenação. Uma experiência banal disso testemunha: a impossibilidade, para o neurótico, contrariamente ao paranóico, por excelência, de integrar a um discurso que ele ouve os ruídos parasitas que vêm de fora – falo da impossibilidade de inverter o que justamente constitui uma competência – e, quando este "ruído" se torna muito forte, tem sucesso em seu parasitamento, ele pode sentir um vivido, verdadeiramente falando, paranóico. O paranóico, quanto a si, eventualmente achará normal, segundo o ódio que funda o social, comunicar-se com seu vizinho de andar pelo ruído de descarga ou de pancadas na parede.

Para concluir, resumamos estas hipóteses. Em primeiro lugar, então, a foraclusão é uma das operações "comuns" de tratamento das representações-percepções (que devem ser escritas SP, signo de percepção, em Freud, ou S_1, em Lacan). Em segundo lugar, esta foraclusão é uma operação de abolição e não uma ausência de operação. Em terceiro, ela não atinge eletivamente o "nome-do-pai", mas qualquer significante virtual que, a partir disto, poderia retornar no real. Por fim, o alcance desta foraclusão não é definido e nada autoriza excluir a possibilidade de foraclusão "local", tal como propõe J.-D. Nasio.

Do nome-do-pai

Este conceito, complexo em Lacan, presta-se a muitas confusões, sendo a mais banal a que consiste em compreendê-lo como patronímico ali onde ele se origina deste "em nome do pai" da invocação ao divino. No seminário sobre as psicoses, Lacan insiste precisamente na associação entre o lugar de Deus e a função paterna como modo de organização do nome-do-pai, que não remete, pois, nem ao patronímico, nem ao pai real, mas ao pai originário e morto da horda primitiva, portanto presente não na realidade, mas no centro do simbólico. Assim, não seria a presença ou ausência do pai real que seria determinante na psicose – o pai de Schreber era tudo, menos ausente –, mas esta função simbólica que o pai só garante metaforicamente.

De fato, o nome-do-pai é essencialmente uma função, no sentido quase matemático do termo, condensando metaforicamente toda uma série de operações sobre os significantes, vetorizando as primeiras identificações ao orientá-las para o Édipo. Desta forma, ele dá sentido, direção mais que significação: ao traço unário, isto é, à inscrição primária de sua existência no mundo que o faz valer como um, um eventual sujeito; à letra, isto é, a estes restos, primeiro sobre o corpo, depois no mundo, deste traço que só vale para o Outro; aos S_1, aos significantes-mestres "escolhidos" entre as representações-percepções para constituir no inconsciente os conjuntos significantes destes traços e vestígios; ao falo, enquanto seria esse significante – inicialmente atribuído à mãe, depois ao pai – que orientaria toda diferença, inicialmente pura e a-semântica, no sentido de uma diferença sexual; por fim, à fantasia, enquanto fórmula lógica de encontro entre o sujeito assim produzido e todo objeto, por meio de uma operação qualquer.

O nome-do-pai, qualquer que seja o avatar de seu tratamento – inscrição, foraclusão ou suspensão de qualquer decisão –, reduz o campo do Outro, que a existência do sujeito havia aberto, e autoriza uma interpretação edipiana de tudo o que aconteceu e acontece ao sujeito. Se seu valor é essencialmente lógico e simbólico, ele surge, graças ao imaginário, como simbolígeno. De fato, o que o instala, melhor ou pior, é uma metáfora, dita paterna: "pai", enquanto suposto detentor de um saber, deverá, graças ao meio (materno, familiar, social), ser proposto à criança como apto a reduzir o desejo, incomensurável, de uma mãe primordial, cujo gozo ameaçava esta existência frágil do sujeito. É graças a este mecanismo imaginário que o nome-do-pai terá essa função de liame simbólico.

Essa concepção do nome-do-pai como função simbolígena tem diversas conseqüências: em primeiro lugar, a de compreender a passagem, em Lacan, do nome-do-pai no singular aos nomes-do-pai no plural. De fato, uma vez destacada da metáfora paterna que a funda, esta função se exerce através de toda uma série de significantes: desta forma, a profissão, por exemplo, constitui um dos nomes-do-pai que assegura essa função de orientação para o sujeito. Ou, ainda, cada um pode viver essa experiência perturbadora que consiste em que tal ou qual objeto articulado por um significante venha funcionar neste lugar; é o modo de injúria, por excelência, como "cara...". De um modo mais divertido, lembrei-me desta mulher, bela, jovem e vulgar, sentada diante de um senhor idoso elegante, num restaurante, recebendo um "nome-do-pai" quando o garçom, como se deve, interpela a mesa sugerindo "o bacalhau*" e a mulher só pode responder

* Em francês, *la morue*, que também significa "a prostituta". (NT)

"sou eu!" (conselho: escolham bem seus pratos no restaurante). Mas, sobretudo, até na cura, mais ainda na relação com o médico, vê-se como o sintoma, ao ser nomeado, vem ocupar lugar do nome-do-pai; função que em certos casos, justamente, pode permitir ao sujeito em estado limite evitar a psicose que uma carência paterna prometia; o "toxicômano" é uma de suas ilustrações maiores.

De modo mais geral, a validação da função "nome-do-pai", como a confirmação de sua eventual foraclusão, é a questão maior do processo adolescente[4], quando é colocada à prova, para-além da sustentação familiar e social, da metáfora paterna, quer dizer, sem apoio imaginário. Se uma primeira operação é exigida na tenra infância, inscrição ou abolição desta inscrição, ela deve ser repetida, num outro contexto, permitindo precisamente que nomes-do-pai sejam inventados pelo sujeito, ali onde o patronímico não mais é suficiente para fazer semblante de efetuação.

A invalidação do que se organizava como uma neurose infantil poderá então produzir o que se poderia chamar de uma psicose secundária. A invalidação de uma foraclusão pode, em alguns poucos casos, permitir uma neurotização secundária. Com mais freqüência, ainda, como o autismo era uma posição de suspensão da operação primária, deixando o sujeito hesitar entre psicose e neurose, uma suspensão da validação prolonga, portanto, indefinidamente, o estado adolescente, fórmula possível de um estado limite.

---

[4] J.-J. Rassial, *Le Passage adolescent*, Érès, Toulouse, 1996, cap. 3 e conclusão.

Segunda parte

Estados d'alma

Uma vez postos os conceitos necessários a nossa abordagem, podemos voltar aos sujeitos supostos em estados limites.

Isolar o estado limite de outras formações psicopatológicas exige duas abordagens complementares: a primeira, clínica, deve permitir elaborar uma descrição bastante fina para evitar ampliar abusivamente este diagnóstico e, constatando que este estado reúne em uma síndrome sintomas e condutas presentes em outras estruturas, conceber uma combinatória semiológica específica; do que decorre a segunda abordagem, psicopatológica e diferencial, para abordar e distinguir, apesar de uma vizinhança fenomenológica, o estado limite das organizações mais próximas.

Então, sem pretender exaustividade descritiva, privilegiarei três aspectos desta semiologia: em primeiro lugar, a combinação particular da angústia com a depressão; de fato, a associação ânsio-depressiva, que poderíamos designar, nesses estados, como a inquietude de filósofo, vai ao encontro de uma dialética da angústia e da depressão que encontramos, ainda que de modo diferente, nas neuroses e nas psicoses. De fato, uma das características do estado limite é um certo tipo de depressão, nem reacional nem melancólica.

Depois, a especificidade de condutas que podemos qualificar de perversas, tanto quanto à sexualidade como quanto ao social, no entanto distanciadas das autênticas estruturas perversas que, sobretudo, obedecem a uma outra lógica da diferença; questão central na medida em que, como já vimos, o estatuto atribuído ao estado limite na psicopatologia psicanalítica afeta freqüentemente o estatuto conceitual da perversão.

Enfim, a especificidade dos danos tanto à imagem do corpo, quanto ao processo de pensamento, em um estado não-redutível ao que seriam estas novas "neuroses narcísicas", que voltaram à moda apesar de seu abandono por Freud, nem a estas "desarmonias cognitivas", que são somente o sinal de distúrbios principalmente afetivos.

4. A inquietude

O sujeito em estado limite mostra-se invadido por afetos contraditórios que o paralisam não somente em seus atos, como acontece com o fóbico, mas em seu próprio ser. No entanto, afetado por uma angústia e por uma depressão insuperáveis, ele pode também responder com uma desafetação radical, que oscila entre uma apresentação neurótica, psicopática e esquizóide. Assim, numa terminologia fenomenológica herdada de Françoise Minkowska, em seu estudo do Rorschach, estes sujeitos se apresentariam, ao mesmo tempo, nos dois extremos de uma linha que vai da epileptoidia (e da viscosidade da relação com o objeto) à esquizoidia (distanciamento subjetivo do objeto), ao mesmo tempo na maior das dependências – sendo a anáclise como que encarnação da infelicidade mundana do sujeito moderno – e na mais absoluta exclusão, insensíveis a sua própria derrelição.

Abordarei sucessivamente a combinatória particular da angústia e da depressão no estado limite, o aspecto arcaico destes afetos e a relação com a agressão e a regressão.

A ânsio-depressão

Nesses estados, a angústia parece generalizada, não diante de uma determinada situação que exigiria uma escolha, como acontece com o obsessivo, nem face a determinado objeto preciso abrindo ou fechando o espaço, como acontece com o fóbico, nem diante do distanciamento entre corpo desejante e corpo anatomofisiológico, como acontece com a histérica, mas, ao mesmo tempo, diante das exigências da socialização, diante de todo objeto cuja função anaclítica vacila, diante do corpo próprio, com uma tonalidade antes hipocondríaca que histérica.

Paralelamente, a depressão não é simplesmente reacional e passageira, como nas neuroses, nas quais ela segue – amplificando e qualquer que seja sua causa – o caminho do luto, nem consubstancial à existência, simples constatação de "ver as coisas como são", segundo a melancolia de um Gérard de Nerval. A perda geral dos valores – valores das palavras, do mundo, de si mesmo, que constitui seu apogeu – é então articulada a este estado de medo generalizado diante da existência. De toda forma, o sujeito em estado limite conjuga um temor generalizado diante da derrocada, segundo a fórmula de Winnicott – e uma derrocada diante de toda experiência. Esta ânsio-depressão, monstro metapsicológico, adquire algum sentido se a substituirmos pela idéia de inquietude, antigo conceito filosófico em que se confundem, num mesmo estado, o aspecto vão da existência, mal mascarado pelos engajamentos afetivos, cognitivos ou ativos, e este medo geral diante de toda demanda do Outro ou toda solicitação objetal.

Se a angústia se mostra, de certa forma, para Kierkegaard, Freud ou Lacan, como o afeto mais puro, aquele que indica a impossibilidade do significante de conter, em todos os sentidos do termo, o objeto, pelo fato de que aí insiste a força da coisa, de um objeto primordial, caído do Outro, a depressão dificilmente pode ser considerada como um afeto, quantificável e mesmo representável. O que falha, na depressão, não é o significante com relação ao objeto: é o próprio lugar do Outro em sua constituição simbólica, como origem do sentido não enquanto significação, mas como orientação, direção para a qual se volta o sujeito, sendo que esta ausência de vetorização da libido provoca, segundo a imagem de Freud, uma "hemorragia da libido", ou seja, a depressão é imediatamente do registro do *ethos*, ali onde a angústia sinaliza o *pathos*.

O que é o *ethos*? Decerto o uso, os costumes, os princípios, por onde se verifica que a ética – mas na medida em que esta forma de ser é integrada como habitual – é o outro sentido desta palavra. Para além do hábito, resta fazer da habitude um conceito psicopatológico. Mesmo seguindo Paul Guillaume e o otimismo fenomenológico e gestaltista[1], é fácil conceber a habitude como o que põe a pulsão de morte, no exercício repetitivo da dessubjetivação, a serviço de uma conduta definida pelo Outro ou pelo *socius,* com o risco de que esta pulsão de morte, motor inaugural, retorne, acentuando mais um pouco esta dessubjetivação. Um antigo *slogan* da segurança nas estradas indicava isso muito bem ("Percurso habitual: percurso mortal"), sublinhando o risco de dirigir num percurso muito conhecido; ali onde a habitude parece economizar a libido, a energia desejante, na realização de gestos repetitivos, é ao preço de um *fading* do sujeito, de um apagamento que ameaça sua própria existência.

A habitude, ao contrário da habituação, é resolutória de conflito e claramente percebemos aqui o motor econômico da posição depressiva, segundo Melanie Klein, como o que permite, pelo viés dinâmico de uma frágil reconciliação entre bons e maus objetos, o ultrapassamento da posição esquizo-paranóide; mas ela é também, inversamente à angústia – angústia diante de um real novo, quer dizer, não-representado ou ligado a outras representações –, o que mantém, poder-se-ia dizer, a atualidade da depressão. Trata-se de uma queixa freqüente o fato de que a totalidade da vida, do cotidiano, mas também de que o que se poderia apresentar como acontecimento, feliz ou infeliz, está contido por esta habituação e pode, reflexivamente, por este estado afetivo que é o tédio, dar motivo a uma depressão, mais que passageira, que se justifica pela constatação de uma alienação a um lugar abandonado pelo Outro. Se a habitude parece o meio para um domínio do lugar do Outro, de um Outro principalmente ameaçador, terrificante, até mesmo persecutório, ela é também o fundo sobre o qual emerge S (A̸), a falta real que surge no coração do Outro simbólico. Daí as questões: de que me serve – serve a meu desejo enquanto só sou sujeito de meu desejo – o que faço por habitude e que só tem valor para um Outro que não existe?

Pensar a relação entre a angústia e a depressão é pensar a relação entre o *pathos* e o *ethos,* entre o sofrimento e o habitual, entre a diferença e a

[1] P. Guillaume, *La Formation des habitudes,* PUF, Paris, 1968.

repetição, diria Deleuze, entre o medo e o tédio, entre o novo e o muito comum, entre o objeto que escapa ao significante e os significantes que se encadeiam e nos encadeiam sem objeto.

Assim definida a angústia como afeto, a depressão como "desafeto" ou "defeito", podemos imaginar de que modo se instaura, para o neurótico, uma dialética de seu uso como defesa: a angústia vale como defesa contra a depressão, a depressão, contra a angústia. De forma exemplar, o adolescente, de um lado, utilizará a fuga para a depressão para evitar uma situação de angústia, quando, defrontado com uma experiência, a de um exame, por excelência, evitará suas reações fóbicas decretando antecipadamente sua "incapacidade", um "só posso fracassar" que justifica sua retirada prévia. De outro lado, é o próprio sujeito que evitará o tédio histérico do "O que posso fazer? Não sei o que fazer" de Anna Karina, em *Pierre le Fou* [Pedro, o louco], por um arriscar-se em que ele brincará de se fazer medo, ou mesmo, até com mais prudência, por seu gosto pelos filmes de terror ou pelo grande circuito de festas de rua. O modo comum desta dialética dá a tonalidade hipomaníaco-depressiva de muitas neuroses. Ora, em certos sujeitos esta dialética é impossível. No psicótico, ou o objeto real, então alucinado, provoca uma angústia não-localizável, terror que despedaça o próprio corpo, falto mais que faltante, ou o Outro, invasor e persecutório, está simbolicamente desertado a ponto de a depressão não poder se resolver a não ser em derrelição e queda confirmada, ou num delírio no qual real e simbólico se confundem.

Nos estados limites, angústia e depressão se somam, se acumulam, até se completam. Por um lado, nenhuma fantasia, de fórmula $\$ \lozenge a$, permite, sob o modo de um compromisso qualquer, sintomático ou sublimado, reduzir por sua formulação a coisa ao objeto e, se não apoderar-se, ao menos localizar por significantes o objeto ameaçador. Por outro, a falta no Outro simbólico insiste como falta real, de modo que este $S(\not{A})$, este desfalecimento, que poderia abrir para um desdobramento imaginário e para uma reconstrução simbólica, nada pontua na demanda suposta ao Outro e assinala sua própria essência. Assim, longe de dialetizar entre si, angústia e depressão dão razão uma à outra, segundo uma fórmula que poderia ser escrita, no lugar da fantasia, $\$ \lozenge S(\not{A})$, em que o sujeito não se orienta, desejante, na direção de um objeto caído do Outro, mas na do próprio desfalecimento do Outro. Então, ali onde se poderia fundar, no desfalecimento do Outro, uma posição depressiva elaborável, o sujeito se vê tomado por uma angústia incomensurável; ali onde, para o neurótico, aparece a incongruidade ansiógena – mas também desejável – do objeto, o sujeito deprime por seu abandono, por ser entregue ao poder de um Outro decaído.

É nisso que, contrariamente à língua alemã, a língua francesa permitiria distinguir relação por apoio e relação anaclítica: enquanto o sujeito neurótico passa pelo objeto para ter acesso ao Outro, mas numa dialética com o narcisismo que torna possível toda uma série de arranjos sintomáticos, o sujeito em estado limite fica na dependência direta da falha do Outro em que deveria encontrar lugar o objeto; a "anáclise" do estado limite confunde Outro desfalecente (desfalecimento que o psicótico evita) e o objeto que cai (queda não-efetiva, para o psicótico). Lógica arcaica, primária, mas incessantemente repetida nos encontros que um semelhante sujeito pode ter.

Retorno à função materna

Essa dialética, comum no neurótico, entre a angústia no reverso da fantasia e a depressão no reverso dessa castração do Outro, de que o nome-do-pai dá uma chave, legitima o lugar central concedido por Lacan ao "complexo paterno" para pensar tanto o "sucesso" sintomático da neurose, quanto o fracasso radical da psicose. Complexo paterno, já que, seguramente, ele está longe de repousar somente sobre os frágeis ombros de um pai real, só dando eficácia ao pai simbólico por uma metáfora, colocada primeiramente pela mãe, do pai imaginário.

Ocorre de forma inteiramente diferente, parece, para o sujeito em estado limite, para o qual persiste, sem ser franqueado, esse momento inaugural de uma castração materna, nem impossível como para o psicótico, nem recusada como para o perverso, nem ultrapassada como para o neurótico. Esta castração da mãe, que nenhum objeto preenche, é exercida, para ele, em continuidade, nos planos tanto econômico quanto dinâmico, sem introduzir uma nova lógica. Ele está, a partir disto, no centro de outras dialéticas que as da angústia e da depressão, de outras dialéticas primárias, arcaicas, ligadas à relação com a mãe.

Sublinharei três destas dialéticas: a da privação e da frustração (que reduz a castração), a da agressão e da regressão (que reduz a humanização), a da projeção e da objetivação (que reduz a subjetivação).

A confusão entre a privação e a frustração não se percebe melhor que na patologia toxicômana, perfeitamente articulada à patologia limite, mesmo que alguns toxicômanos nela se engajem pela via neurótica ou psicótica. Ali a privação real e a frustração imaginária se conjugam para substituir, ocupar lugar de castração simbólica; privação que funda o desfalecimento do Outro, desfalecimento real da mãe primordial, e que afeta o eu-prazer originário, porque nenhum significante dá razão ou explica esta falta real, a não ser fazendo valer um pai, então imaginário e terrificante; frustração que funda, desta vez, a relação com o objeto, isto é, a possibilidade de colocar qualquer objeto no lugar ocupado pelo objeto *a*, ali onde a coisa, como objeto real, falta na imagem, na imagem do corpo, inclusive constituindo um significante-mestre, o falo, como realizando efetivamente o assassinato da coisa, já morta. Para o neurótico, a castração, enquanto operação do significante fálico, é o que ao mesmo tempo nomeia a falta real e a falta imaginária, graças à emergência de um pai real no qual a criança esbarra. Para o psicótico, nenhuma castração simbólica vale como reparadora, razão dada ao que falta. Para o perverso, esse significante só vale ao ser deixado do lado materno. Para o toxicômano, assim como para todo sujeito em estado limite, a privação mostra realmente a falta do sujeito e, secundariamente, sublinha a falta originária do objeto; assim, essas faltas valem estritamente em lugar da castração simbólica, numa confusão entre o objeto da pulsão (objeto real), o objeto da demanda (objeto imaginário) e o objeto do desejo (objeto simbólico). O toxicômano, por saber o objeto que lhe falta, cria-o como objeto único de um atual da falta – de onde os paradoxos esclarecedores da noção de "desmame". Para além do toxicômano – e isto se escuta em muitos discursos daqueles que se viram em "exclusão" social, segundo o termo moderno, em lugar do qual pode-se preferir o desusado "marginalização" –, privação e frustração organizam uma queixa quanto ao Outro social, perseguidor, assim como quanto àqueles considerados como distribuidores dos objetos substitutivos (o RMIsta aqui encontra uma identidade vizinha da do toxicômano, nomeado pelo objeto). Evita-se assim toda questão sobre uma falta simbólica, sobre uma dupla castração: a do Outro, cujo desfalecimento permanece insensato, a do sujeito, simples vítima.

É isso que organiza a alternância, não-dialética, entre agressão e regressão, ali onde o engajamento psicopático é exemplar desse estado limite. É o artigo de Lacan "A agressividade em psicanálise[2]" que me leva a associar agressão e regressão: neste texto, por um lado, Lacan liga a agressividade à identificação narcísica e à constituição do ideal-do-eu; por outro, faz disso o motor principal da transferência imaginária na vizinhança daquilo que, na mesma época, é colocado no registro da regressão. Mais tarde ele falará da tríade proposta para pensar a cura: frustração, agressividade, regressão. André Green, em "Por que o mal?"[3], compara a posição de Freud em "A denegação" àquela de "Pulsão e destinos das pulsões": "Nesta última hipótese, a distinção bom/mau precede a distinção entre o eu e o objeto". Inútil portanto postular, como Jean Bergeret, uma "violência fundamental" mais primária que a agressividade, para constatar que a agressividade manifesta uma relação consigo e com o mundo mais primária que a regressão com respeito à constituição do eu e do objeto; o que se manifesta de regressivo na conduta do estado limite é secundário à emergência de uma agressividade primária, não o inverso. Isso é bastante sensível nas formas tomadas pelos momentos ânsio-depressivos, que devem ser pensados menos como regressão narcísica que como atualização de uma agressividade, hetero- e auto-, sádica e masoquista, tanto com relação ao corpo próprio quanto com relação aos objetos e ao Outro, em sua encarnação essencialmente materna, mesmo quando figuras masculinas decorrem dela. Não são a constituição secundária do eu especular e a distribuição dos objetos que são atualizadas na ânsio-depressão, mas a construção mesma do sujeito enquanto ek-sistente aos significantes simbolizados e a do objeto inicialmente clivado entre bom e mau. A determinação do bem e do mal como causa da angústia e como sua origem – Kierkegaard teórico do ideal-do-eu não está ainda na ordem do dia para o sujeito em estado limite. Não se trata de fazer concordar a lei com o princípio do prazer, projeto perverso, já que não está ainda elaborado o trabalho de pensar que constrói a realidade – o mundo

[2] J. Lacan, *Écrits,* op. cit..

[3] A. Green, *La Folie privé,* op. cit..

como representação – na limitação real destes objetos primeiros; nem bem, nem mal, mas bom ou mau.

É nesse sentido então que a angústia – como ódio do objeto –, mas também a depressão – como ódio do Outro, ódio em relação ao que decepciona o prazer e àquele a quem de-supus qualquer saber – são afetos ordenados pela agressividade, agressividade primária que uma única pulsão organiza: a pulsão anal. Não tanto porque ela seria segunda em relação à pulsão oral, mas, ao contrário, porque primária na ordem lógica em que a primeira operação constitutiva do real é a de uma expulsão – expulso o que é mau –, na qual a própria constituição do objeto seguiria uma dialética entre oralidade e analidade, cuja dinâmica é mais agressiva que regressiva. As regressões secundárias não evitam esta reemergência brutal de uma agressividade fundadora.

Os sujeitos em estado limite, em sua ânsio-depressão atual, não-elaborável, são ao vivo os processos real, simbólico e imaginário mais arcaicos: primeiramente, de projeção no Outro e de construção do Outro como lugar de projeções, com seu reverso de identificação projetiva; em segundo lugar, de objetivação, isto é, de distribuição afetiva dos objetos, já que eles são originalmente marcados por uma positividade ou por uma negatividade na escala do prazer; em terceiro lugar, de subjetivação, isto é, de invenção primeira de um sujeito, assujeitado ao Outro, dependente. Mas, precisamente, sem o tempo segundo de cada um destes processos a projeção não permite a separação, a objetivação não permite a construção de uma realidade objetiva, nem esta subjetivação ainda paranóica, sua histerização. De fato – é isto que dá uma tonalidade "abandônica[4]" a estes sujeitos –, qualquer que seja a realidade de sua história, insiste a figura de uma mãe primordial, no entanto – de encontro ao que ocorre com o sujeito psicótico – já desfalecente, sem abrir para uma outra figuração do Outro que a função paterna sustentaria.

Além do fato de que esta clínica permite examinar a especificidade da demanda que um sujeito em estado limite pode formular para um psicanalista, ela permite também conceber a especificidade da transferência possível e a dificuldade da interpretação. De fato, se acentuarmos a idéia de

[4] Ver os trabalhos ainda dispersos de C. Miollan sobre o abandono.

que este estado limite é um estado do sujeito moderno, numa sociedade pós-industrial em que a função paterna declina e a realidade vacila diante de um real que retorna (por exemplo, o da marginalização), estamos longe da tonalidade romântica e nostálgica da angústia e da depressão neuróticas. O caráter imperioso desta ânsio-depressão, suas manifestações explicitamente agressivas, as questões identificatórias de um engajamento anaclítico exigem do analista que ele aceite, ao menos por um certo tempo, ser interpelado em posição de mãe primordial, pré-edipiana, acompanhando uma mudança radical na constituição do Outro, do mundo e do eu [*moi*], ou seja, da língua, do objeto e do sujeito. Daí se deriva, freqüentemente, ou para uma abordagem catastrófica destes estados como neuróticos ou psicóticos, ou para uma posição de cuidado médico, para não ser maternal.

5. A pseudoperversão

Como vimos, a maior parte dos teóricos do estado limite substitui o diagnóstico de perversão por este; não, com mais freqüência, para identificar um diagnóstico a outro, mas para conservar uma coerência com o que seria uma classificação psicopatológica freudiana, "estrutural" em um sentido pré-lacaniano e pré-estruturalista, porque mais próxima de um sistema que de uma lógica dinâmica. Para ficar nos autores franceses, André Green, abordando esta questão, com um rigor epistemológico verdadeiramente louvável, só dará lugar ao estado limite ao preço de uma revisão radical das posições freudianas, ainda que se apóie nas incertezas de um segundo Freud, de depois de 1920. Ele tem que contestar a idéia freudiana de que a neurose é o negativo da perversão, quer dizer, contestar o próprio conceito de fantasia, no sentido em que a fantasia, sempre "perversa", se constrói e funda o sujeito desejante calcada na perversão polimorfa da criança, não num traumatismo originário. A partir disto, a substituição da dialética neurose/perversão por uma dialética neurose/loucura, enfim muito esclarecedora sobre estas situações de margem, deixa apenas um lugar secundário à perversão, que de fato desaparece enquanto estrutura clínica autônoma. A clínica geral do diagnóstico de perversão é ainda mais acentuada por Jean Bergeret, que considera, por um lado, "o arranjo perverso" como uma das evoluções possíveis de um "tronco comum" dos estados limites causado por um traumatismo precoce redobrado mais tarde – como no que se pode designar como a concepção freudiana pré-psicanalítica de histeria – e, por outro, a "perversão de caráter" como uma das modalidades de expressão clínica do estado limite.

É certo que o número de autênticas estruturas perversas é restrito, ainda que seja porque, de toda forma, o "sucesso" de uma tal estrutura é difícil, já que o sujeito deve, de uma só vez, ter encontrado a castração, têla sofrido – o que o distingue do psicótico – e ter evitado total ou parcialmente suas conseqüências, conseqüências lógicas para ele mesmo, para o Outro que os pais encarnam na origem, imaginariamente, e para os outros futuros semelhantes de um e de outro sexo – o que o distingue do neurótico; e na minha prática, assim como na literatura, nunca encontrei casos de verdadeiras perversões femininas, inclusive considerando o que a feminilidade contém em si de perversão. Freqüentemente nos deparamos com condutas perversas elaboradas secundariamente, como frágeis defesas contra os efeitos da castração para os neuróticos histéricos ou obsessivos, como montagem contrafóbica, mais do que positivamente perversa, nas fobias que podem então tomar uma forma foboperversa, no sentido de F. Perrier, ou ainda como solução de compromisso que evita a descompensação psicótica. Todas estas tentativas de reduzir o objeto e o outro a sua instrumentalidade, de ultrapassar a barra da sexuação, ou de encontrar um gozo do Outro para sempre perdido caracterizam antes modos de socialização, adolescentes em particular, que uma verdadeira estrutura. O que diferencia o perverso do neurótico ou do psicótico não é nem a fantasia, nem a conduta, mas o lugar que a prática perversa ocupa no psiquismo, sendo um de seus índices possíveis, mas não necessários, a sujeição da satisfação assim permitida outra satisfação.

Isso não impede que as poucas estruturas perversas "bem-sucedidas" não se deixem reduzir nem à neurose, nem à psicose, menos ainda ao estado limite. Entre os casos mais puros, encontrei um fetichista de sapatos, para o qual o prazer era ainda mais acentuado quando conseguia que uma mulher usasse sapatos de pares diferentes, logo, ao provocar um manquejar. Ele me procurou apenas devido ao fato de que sua parceira de longa data – e predileta, sem ser a única – o abandonou. A certeza parcial – diferente da certeza paranóica, já que não invadia todo o seu pensamento – de que seu gozo – e, por um longo desvio, aquele também suposto à sua mãe – estava associado a esta prática deixava intacta, segundo a linha de uma clivagem, simples de certa forma, a questão de outros modos de gozo para outros ou para si mesmo, em seu cotidiano. Ele não era marginalizado socialmente, nem particularmente "inquieto", exceto nesta experiência localizável de luto, nem hesitante sobre sua identidade sexual. O efeito da cura se limitou a reduzir o lugar desta montagem e, sobretudo, a lhe permitir, desta vez na via da fantasia, "contentar-se" com uma representação mímica ou pictural em lugar de sua efetiva operação repetitiva; o reverso – obsessivação? – foi que ele substituiu esta prática realizada por uma coleção dupla, de calçados e de pés calçados. Estamos muito distantes do que anima o sujeito em estado limite e do lugar onde se pode conduzir um caminho psicanalítico. Para precisar tanto esta vizinhança, quanto este distanciamento entre perversão e estado limite, examinarei duas questões, a do objeto e a das práticas sexuais, para concluir com a muito famosa "perversão social".

Avatares do objeto

Evocarei novamente o *Homem dos lobos,* para o qual, na multidão dos diagnósticos propostos, o de perversão é raramente proposto, apesar do caráter de suas escolhas amorosas, dos papéis que representam um certo fetichismo e uma clivagem objetal. Joyce poderia também ser evocado, considerando-se que este diagnóstico de perversão pôde ser feito, mesmo que Lacan, sem certamente falar de estado limite, mostre que o masoquismo, até mesmo o sadomasoquismo de certas situações, apesar de sua aparência perversa, não corresponde a uma verdadeira perversão, já que Joyce estava longe de encontrar nisto pretexto para seu gozo; sabemos que, para este caso, o diagnóstico de Lacan permanece negativo: Joyce avizinha-se à perversão, ele poderia – deveria? – ser psicótico, mas não é perverso e o sinthoma o salva da psicose.

No que se refere ao *Homem dos lobos*, sabemos como, durante sua vida, contada em sua autobiografia, ele se apropria da excitação sexual associada à visão do coito *a tergo* da mãe primitiva e à de Grousha agachada, operando uma escolha, em suma perversa, de objeto sexual: o que o atrai nas mulheres – e ele teve uma vida sexual animada – é, diz ele, seu traseiro e a repetição desta posição idealizada. É levando a sério o lugar central concedido por Freud à fobia infantil, aqui concebida como um momento estrutural, que começaremos.

De acordo com Lacan, no seminário sobre a relação de objeto[1], nos capítulos intermediários dedicados à perversão antes do exame da fobia do pequeno Hans, o acento deve ser colocado na relação entre o significante e o objeto, relação metafórica na neurose e metonímica na perversão. Ora, se estas duas relações são disjuntas, de um modo bastante complexo, fazendo com que possam ser evocados, como ele faz a propósito de uma observação de Ruth Lebovici, episódios perversos no fóbico, até mesmo – por que não? – episódios fóbicos no perverso, deve-se conceber um momento, que chamo "momento fóbico", em que se dá um privilégio a uma destas duas relações. Se o destino do pequeno Hans, quer dizer, Herbert Graft, que se tornou maestro, com a batuta na mão para dirigir um mundo musical, uma massa orquestral, seria interessante de ser estudado, evocarei, antes que este caso neurótico, o momento fóbico de Sergueï – que deve ser entendido aqui mais como momento lógico que cronológico – em que a escolha entre neurose fóbica (ou traços fóbicos da neurose suposta aqui obsessiva) e perversão (ou traços perversos) não se efetua; o sujeito não faz nem uma relação metafórica, nem uma relação metonímica, quando emerge a não-correspondência imediata entre objeto e significante.

Se o objeto aparece, se constitui, primeiramente alucinado, por ser perdido de saída, num tempo ligado pela pulsão oral e pela relação com o seio, este objeto, modificado, pode ser ligado, num tempo segundo, à pulsão anal, ou melhor, ao que F. Dolto chama castração anal, ou melhor, ao que assinala o fracasso da representação. Não se trata então de fracasso interno, já que estas representações podem ser ordenadas entre si por um significante-mestre, mas de fracasso local de uma relação particular entre um significante e um objeto, fracasso de um significante em conter o objeto como significado, fracasso de um objeto, emergindo como real, em ser levado ao significante, fracasso anal que antecipa as questões da castração propriamente falando fálica e sua resposta edipiana.

O que nomeio aqui como momento fóbico é uma dupla experiência, intelectual e afetiva, da distância irredutível entre objeto e significante,

[1] J. Lacan, *Le Séminaire, Livro IV*, "La relation d'objet", Seuil, Paris, 1994.

momento que pode ser indicado, num tempo cronológico, ou no só-depois de sua pseudoliquidação, de múltiplas formas. Certamente, nos terrores noturnos da criança, freqüentemente contemporâneos do estágio anal, com ou sem seqüelas, já que às vezes associados a um estado convulsivo, em que o sonho e a realidade se confundem ao fazer ressurgir real na realidade, subvertendo o sentido na interseção de um simbólico desfalecente e de imaginário desligado; ou na freqüência dos afetos de horror e de nojo, sobre os quais Freud nos diz que são motores do recalque e que, se desempenham um papel eminente no estádio anal, assinalam periodicamente, no sujeito, a retroação deste momento (pré-edipiano no sentido de Freud, não de Klein); ou ainda, por exemplo, em Sergueï, pela função concedida ao objeto fezes, que não é de presente para a mãe, mas de interrupção do coito dos pais, pelo fato de que teria colocado o sujeito nesse estado de angústia[2].

Este momento fóbico será geralmente ultrapassado por diversos procedimentos. Será reduzido por uma elaboração neurótica, abrindo tanto para uma neurose fóbica estruturada (como no pequeno Hans), quanto para esses traços fóbicos que insistem em outras neuroses (medo de aranhas ou de ratos na histérica, nosofobia no obsessivo, etc), tendo o Édipo a função de interpretar esse medo como medo sexual. Também poderá ser reificado numa fetichização perversa, não produzindo o objeto fetiche nas pegadas do objeto fóbico, mas em seu lugar, como concretização totêmica desse momento de medo diante da castração do Outro. Pode, ainda, ser transformado em uma fixação psicótica, pseudotraumática (é a emoção ou o golpe na cabeça de numerosas anamneses de psicóticos crianças), nas emergências alucinatórias do objeto real.

Nas terceira e quarta partes deste ensaio, trataremos novamente desse momento fóbico e do *Homem dos lobos*, mas, ficando no ponto de vista clínico, já é possível especificar este momento para esses sujeitos ditos em estado limite. De fato, este momento de angústia primária – no sentido em que se trata da angústia diante da Autoridade que demanda a renúncia à pulsão e não da angústia diante do supereu herdeiro do complexo de Édipo – não está então integrado a uma resposta estruturalmente determinada.

---

[2] Sobre a angústia, remeto ao livro de minhas conferências em Recife, em outubro de 1996, a ser publicado. *L'Angoisse de l'adolescent*, CEF, Recife.

De toda forma, objeto e significante, não ligados nem por uma metáfora, nem por uma metonímia, nem mesmo pela associação entre uma alucinação e um delírio (forma parafrênica das psicoses), ficam livres, "errantes". Suscetíveis, a qualquer momento, de surgir sem ser economicamente capturados no aparelho psíquico, eles, então, mais provocam uma angústia de tipo fóbico que momentos de loucura, que obedecem a uma outra lógica, mais terror que medo, e suscitam como única resposta adaptada a tentativa de fetichização, de pseudoperversão.

Dois exemplos clínicos: um homem jovem que havia obsessivamente organizado sua vida, com os sucessos e fracassos escolares, depois universitários, que ordinariamente encontramos nestas estruturas em dívida com o significante, encontra-se, ao final de seu serviço militar, em situação de precariedade, primeiro profissional, depois social. Ele enceta uma relação amorosa com uma mulher casada, um pouco mais velha que ele, relação cujo caráter edipiano ele percebe, ainda mais que o marido é claramente mais velho. Certo dia, o marido chega, mais cedo do que o previsto, e a cena de *vaudeville* volta-se contra ele. Ele foge da casa de subúrbio, com as roupas nos braços, vendo-se praticamente nu na rua, encontrando, antes de ter tempo de se vestir, um bando de jovens que riem dele. A partir disto e por um curto período, que ele evocará mais tarde, é tomado por impulsos exibicionistas, mostrando seu sexo sem ereção. Em seu relato, longe de evocar um prazer qualquer nestas mostrações, ele fala de uma angústia, associada a um forte sentimento de culpabilidade e, definitivamente, medo sexual, mais próximo de uma necessidade de punição. O episódio foi suspenso no dia em que uma de suas "vítimas" riu, tratando-o por "imbecil" e "gaiato". Depois testou, sem prazer, uma série muito diversificada de práticas perversas que ele ligará, na cura, a um acontecimento antigo, quando despertou, em torno de dois ou três anos, segundo sua lembrança (sem dúvida, por recorte, um ou dois anos mais tarde, na realidade), coberto de urina e de excrementos depois de "uma noite de pesadelos", acontecimento único, mas experiência extrema de angústia. Ser surpreso, certamente, como o perverso espera, mas não numa experiência de prazer, posto que o que domina explicitamente é o outro reverso da fantasia, a angústia, no caso uma angústia que eu designaria como pré-edipiana.

O outro exemplo é o de uma moça, lacaniana sem que soubesse, para quem a palavra-chave para designar o objeto era "nada", da mesma forma que esta palavra lhe servia para designar o "vazio do pensamento", o furo de um significante que a sustentaria em seu ser, combinação inquieta de angústia e depressão que já examinamos. Foi sobre o fundo desta inquietude que teve lugar um episódio de prática perversa que a levou à análise. Muito bonita e freqüentadora de meios artísticos, ela havia encontrado um meio frágil de viver, em todos os sentidos do termo, posando como modelo, tanto para obras plásticas quanto para fotos de arte. Sua vida sexual era pobre e, até aquele momento, feita de alguns encontros e de relações sem vida comum, tendo a mais longa durado seis meses. Certo dia, lhe pedem que pose com um homem sem que, de fato, tenha sido formulado um ato sexual. O homem deve ficar atrás dela, também de pé, de um modo, cito-a, "paterno"; e o contrário do que se imagina se produz: este homem, segundo ela homossexual, fica encostado nela durante a pose, sem ereção, o que detona nela um episódio quase delirante sobre o tema de sua "a-sexualidade". Antecipo a continuação, mas ela elaborou uma resposta inversa: "Sou bissexual, não no sentido de desejar tanto mulheres quanto homens, mas no sentido de que devo me sexuar intervindo entre um homem e uma mulher". Quando ela me vem ver, foi por ter vivido – sem que isto suspendesse sua inquietude – uma série de aventuras, "sexualmente satisfatórias", com casais, desempenhando às vezes uma posição masculina, às vezes uma posição feminina. Minhas interpretações, que eram ao mesmo tempo edipianas quanto à situação e apontavam para a histeria de sua posição, fracassaram "lamentavelmente". Foi então que por si mesma ela trouxe uma impressão da infância, uma lembrança em que ela distribuiu de outra maneira que antes a parte traumática. Passeava com sua mãe, de volta do maternal, o que situava o acontecimento em torno dos quatro ou cinco anos, quando homens, rapazolas mesmo, mexeram com sua mãe, sem grande maldade aparentemente, e a reação desta mãe – que no entanto é apresentada como forte, ao sustentar um pai desfalecente – foi, que sua filha tenha conhecimento pela única vez, de esvanecer, ou mesmo de "desfalecer" e se ver sentada num banco, o que fez com que o grupo de rapazes fugisse. O insustentável atualizado não era mais o que tinha sido percebido como agressão, mas esta fraqueza da mãe; não se tratava de sustentar histericamente a posição fálica do pai, mas a da mãe. Aquilo que, então, tinha feito a "entrada" no Édipo era uma defesa contra esta castração materna assinalada por um breve momento fóbico e reatualizada pela não-ereção deste "jovem homossexual". Mas então o fracasso da análise foi o efeito, justamente, da desmontagem que teve lugar: certamente ela abandonou os papéis que representava, essa identificação ao falo materno, mas para perder com isto toda referência, toda suplência a uma identidade defeituosa; a interpretação desta questão desembocou em sua marginalização, não só social, mas psíquica, já que, na época, eu continuei, apesar de tudo, a pensar sua problemática como histérica. Este foi um dos encontros que suscitaram a reflexão de que este ensaio é o resto.

No caminho que pode levar do objeto fóbico ao objeto fetiche, o sujeito em estado limite fica em pane. A transformação do objeto fóbico se deteria, sem elaboração, num estádio de cristalização sem valor, quer dizer, por não valer nem como representante da representação – como pode tornar-se, reificado, na neurose –, nem como representante do falo materno. Na melhor das hipóteses este objeto fóbico semifetichizado poderá valer, fragilmente, como sinthoma. Ao passo que a neurose é bem sucedida em constituir a fantasia perversa refundando-a e o perverso reatualizando-a, esse sujeito em estado limite fracassa nessa constituição fantasmática, o que, neste caso, vota-o simplesmente a tornar-se o instrumento da perversão do outro, segundo o acaso dos maus encontros.

Da bissexualidade como ideal social

É aqui que é preciso tratar desse ideal bissexual, que periodicamente retorna no social, em separado da homossexualidade perversa, da transexualidade psicótica e da duplicidade neurótica. Com efeito, a singularidade dessa bissexualidade é tentar evitar a sexuação, a um só tempo, como ocorre no que precede, do lado do objeto, mas também do lado do sujeito, e não regrá-la sob um modo mais ou mesmo distorcido.

O neurótico se arruma mais ou menos do lado de sua sexuação anatômica, nem que seja para constatar, em todo caso, o impossível da relação sexual e para legitimar seu prazer quanto ao outro sexo por ter tido que renunciar à melhor parte. Além disso, no histérico homem ou na obsessiva mulher, de encontro à neurose de eleição para cada sexo, a castração acentua o preço a ser pago pelo resto infantil da oralidade ou da analidade por uma dificuldade na fantasia, dificuldade de encontrar parceiro do outro lado. Nas psicoses, o modelo ideal de uma identidade sexuada segue a via de uma transexualidade, cujo sinal encontramos até em Schreber, antes que um sinal de homossexualidade; convicção de um desacordo entre um gozo jamais abandonado ao Outro e que se trataria de encontrar numa experiência delirante "contranatureza". Conceber que o sexo anatômico não corresponde, porque sem comum medida, ao sexo psíquico tem a vantagem de dar sentido à incoerência, ou à injustiça do destino. Quanto ao perverso, o que ele denuncia é a sexualidade do outro, seja criando-lhe uma armadilha pelo travestimento, reificando-o pelo fetiche, ou atualizando secundariamente o sadismo e o masoquismo de uma pré-sexuação; não há queixa nem convicção discordante quanto a sua própria sexuação, talvez somente a constatação – desiludida, ele diria – de que para conseguir um pouquinho de gozo de nada serve estar de um lado ou do outro.

De qualquer forma, mesmo que seja do mau lado que alguém se coloque ou que disto não tire nenhuma conseqüência, todos terão aceitado – simbolicamente para o neurótico, realmente para o psicótico e imaginariamente para o perverso – que há uma diferença dos sexos, entregando-se a contestá-la, sofrê-la ou frustrá-la, segundo cada caso. Ora, um aspecto que nunca faltou nos casos que persisto em designar como limites é a manutenção – ou o retorno – de uma bissexualidade, com o risco de uma falha narcísica. Na vertente objetal, os personagens sexualmente ambíguos, ou a alternância entre relações homossexuais e heterossexuais, encarnariam naturalmente, por um certo tempo, o objeto anaclítico numa sexualidade, se não ausente em ato, ao menos de aspecto menos perverso, porquanto experimentando todo o campo do possível que o perverso, quanto a si, codificou e hierarquizou. Na vertente identitária, em contrapartida, esta manutenção não é concebida nem como um êxito em evitar a castração do Outro, nem como evitamento de toda alienação, mas como uma defesa contra a ameaça que a castração, que sustenta o sujeito desejante, dirige ao narcisismo; ameaça dupla, do significante fálico que exige situar-se numa partilha, do objeto falicizado que ameaça o eu.

Isto dá ao sujeito em estado limite uma tonalidade original quanto ao seu comportamento e a sua vida sexual: além da jovem evocada acima, penso nesses casos em que, para-além da adolescência, o sujeito parece experimentar – mas não se trata mais, aqui, da experiência adolescente – todas as perversões possíveis, sem nenhuma outra fixação que a imposta eventualmente por um parceiro predileto que saberia, aliás, assegurar uma função de apoio. Assim acontece com uma outra jovem, que me procurou quando estava sem parceiro e, por isto, defrontada com sua depressão; ela enumerava suas histórias de amor, com homens ou mulheres, se não perversas, ao menos fortemente engajadas em práticas perversas. O acontecimento marcante de sua história foi um incesto realizado com um irmão mais jovem e depois ela "aceitava tudo", cito, "menos a penetração vaginal". Durante muito tempo em sua análise estes momentos de "pane", de falta de parceiros, eram sempre marcados pela aparição de distúrbios somáticos ou psicossomáticos que afetavam a pele; sobre seu irmão ela dizia que tinha querido, em vão, curá-lo de sua homossexualidade.

É sob a rubrica da "perversão de caráter" ou do "pequeno paranóico" que Bergeret classifica as condutas perversas dos estados limites: "A negação [*déni*] não age sobre o direito da mulher de ter um sexo autêntico adequado a ela, mas sobre o direito dos outros de possuir um narcisismo, na medida em que ele é sentido como barreira à utilização dos outros a serviço de seu próprio narcisismo exclusivamente[3]". O interesse desta diferenciação com respeito à verdadeira perversão, cuja definição, dada por Jean Bergeret, eu deixo como dele, é a de distinguir, como ele propõe, esta perversidade que afeta o laço social em si mesmo, dirigindo a atenção para a coexistência de narcisismos na noção de *alter ego.*

Desse ponto de vista, se a vizinhança do estado limite com a perversão insiste, é no registro novamente precisado de uma perversão social, no duplo sentido de uma perversidade introduzida nos fundamentos mesmos, familiares, do laço social e de uma perversão induzida por um estado, digamo-lo também limite, do laço social. Assim ocorre com este paciente – desta vez obsessivo, mas que atravessou experiências limites – que, num lapso, enunciava sua interpretação, perversa, da sabedoria popular e republicana: "A liberdade dos outros pára onde começa a minha". A perversão

[3] J. Bergeret, *Psychologie pathologique*, op. cit., p. 208.

desses sujeitos em estado limite, seu sadismo em relação ao outro que ameaça seu narcisismo, seu fetichismo, resto de momento fóbico mais que construção de um novo objeto, são secundários e paradoxalmente testemunham sua tentativa de integrar um laço social atingido por esta per-versão [*pére-version*].

6. O corpo e o pensamento

A não ser privilegiando a abordagem da adolescência, como Masterson ou Laufer, é à margem da teoria que aparece o estudo do ato nos estados limites. A idéia dominante é, assim, que, ele mesmo eventualmente vítima de atos traumatizantes, o sujeito só agiria a partir de sua impotência em pensar.

Ora, é possível conceber um agir limite distinto de outros modos, sem necessariamente fazer deste modo de agir a exclusividade de uma estrutura. A passagem ao ato, de essência psicótica, seja qual for o sujeito que nela se engaje, podendo chegar até o ato último do suicídio, inscreve-se numa lógica de obediência à injunção do Outro. O *acting out*, de essência neurótica, se caracteriza por um endereçamento ao outro (pequeno outro ou grande Outro) e orienta, assim, uma demanda que não se fala. A encenação perversa, numa fixação à representação, distribui a ação (no sentido teatral) dos outros com relação a um Outro, originalmente materno, incluindo sem ruptura a versão do Pai. O sujeito em estado limite, num modo psicopático, seria antes submetido a uma agitação, estéril mesmo quando atropela o social, cuja lógica responde essencialmente por um "encadeamento" com os outros, o que é bem diferente de uma injunção recebida ou de uma demanda dirigida, pois a fórmula é imediatamente social: eu me agito, como o peixe na nassa, porque preso e colocado num tal lugar na relação com os outros e abandonado pelo Outro.

É a propósito do psicopata[1] que Lacan nos ajuda a precisar este agir: "Encontramos, então, as fórmulas límpidas que a morte de Mauss [o texto data de 1950] traz à luz de nossa atenção. As estruturas da sociedade são simbólicas; o indivíduo, na medida em que é normal, serve-se delas em suas condutas reais; na medida em que é psicopata, ele as exprime por condutas simbólicas". É certo que, na época, as categorias RSI não estavam ainda definidas, particularmente o real, e deixemos de lado a "normalidade" compartilhada pela histérica e pelo paranóico. O que eu sublinharia, de passagem, é que o ato do dito psicopata não se isola do conjunto da conduta, na medida em que o social não está mais no horizonte do sujeito, mas o que ele exprime no cotidiano, o que o situa bem como o sujeito moderno, cujo estatuto social, S.D.F.*, desempregado e marginalizado e, sobretudo, assistido, é adequado a seu estatuto psíquico, quando a Sociedade não se apresenta como Outro, encarnação imaginária do Outro, a não ser valendo como sustentação anaclítica. Então, se o ato é simbólico é porque ele participa, no atual, do social em seus determinantes contemporâneos. A conduta do sujeito em estado limite é simbólica por se originar no lugar mesmo da apropriação individual das estruturas simbólicas da sociedade, isto é, do estado do interdito do incesto e do assassinato, ou do supereu coletivo. O neurótico integrou esta estrutura, sirva-a obsessivamente ou dela se sirva histericamente e subjetivamente; o psicótico evita-a sendo o excluído radical e esquizofrênico do laço social, trancado ou abandonado, ou sendo sua vítima revoltada, como o paranóico, ou o dejeto melancólico.

Examinarei esse lugar de origem, de onde parte o ato, sob os dois ângulos do corpo e do pensamento, onde se situa o fracasso de uma integração, incessantemente repetida na conduta.

Os três fracassos narcísicos

Se a constituição do corpo e do pensamento segue a construção do narcisismo, é a partir de um fracasso narcísico que se pode conceber a pato-

---

[1] J. Lacan, "Fonction de la psychanalyse en criminologie", in *Écrits*, op. cit..
* Sigla de *sans domicile fixe* ("sem domicílio fixo"). (NT)

logia particular dos sujeitos em estado limite. A seguir Freud e Lacan, podemos distinguir dois momentos de constituição narcísica e supor um terceiro, concebíveis numa série psicogenética, mesmo que sua articulação seja, antes de tudo, lógica.

O primeiro momento é o do estádio do espelho[2]: o eu, sustentado pelo eu-ideal, então de estatuto imaginário, é o produto do olhar do Outro materno. Se, em i(a), o eu especular é o resultado desta operação, é ao preço de uma dupla alienação: a do sujeito, do eu [*je*], como sublinha Lacan, ao eu [*moi*], que é imagem de um objeto, produção exterior, lugar de novas projeções; mas também a do Outro, que deixa seu lugar de Outro real, tornando-se encarnação imaginária, permitindo sustentar o que, ao custo de uma privação, funda o Outro simbólico (a Mãe simbólica). Guardando para desenvolvê-lo depois, escreverei o percurso: R → I → S.

O segundo momento – o fato de que ele seja segundo não o identifica ao secundário da dialética pulsional – é a projeção, neste eu imaginário e especular – tanto alienado ao sujeito, quanto interiorizado pelo engodo do espelho –, dos determinantes simbólicos que serão ordenados pelo Édipo, sendo o resultado disto o ideal-do-eu. O eu é, assim, lugar de integração dos traços simbólicos que o Outro suporta, desta vez como pai imaginário, do qual o pai real, agente da castração, indica o limite. O que se pode escrever como uma outra operação sobre A (paterno, desta vez): S → I → R. Assim, este ideal-do-eu é associado à figura do supereu, quer se tome este, como Freud, como herdeiro do complexo de Édipo, ou, como Melanie Klein, como contemporâneo de um Édipo precoce, que faria do pai real um sucessor do pai imaginário, produzido pela mãe.

Durante o período de latência, instaura-se uma dialética conflitual, mas também se situam compromissos entre o eu-ideal e o ideal-do-eu. Simplificando, as falas do Adulto (Outro), mesmo que formuladas em termos de interditos superegóicos, são integradas pelo viés de uma figura positivada como ideal-do-eu e interiorizadas como projeto: "eis o que te deves tornar

---

[2] Precisei minha concepção deste estádio do espelho no primeiro capítulo de *O adolescente e o psicanalista*, op. cit., 1990 [publicado pela Companhia de Freud, 1999]. Quanto à minha abordagem do supereu, ela faz parte de "Un clivage du surmoi?", in *Le Passage adolescent*, op. cit., 1996.

se respeitares estes interditos". No reverso disto, o eu-ideal é a sustentação de uma potência da criança, herdeira da onipotência materna, potência encarnada no próprio corpo – no sentido da imagem inconsciente do corpo – que se enuncia por um "o que te deves tornar, tu o podes", quer dizer: "tu tens a possibilidade de igualar-te a esse ideal-do-eu". Esta conjugação do eu-ideal com o ideal-do-eu é o que permite tanto as aprendizagens, quanto o jogo – e sabemos dos efeitos atentatórios de uma fala que precocemente denuncia a promessa de uma conciliação; são assim estas fórmulas do professor, "pode fazer melhor", ou pior, "faz o que pode", que poderíamos aspirar ver banidas dos boletins escolares.

Podemos acrescentar um terceiro tempo, não menos necessário, o de um narcisismo adolescente[3], cuja questão é uma modificação da relação entre eu-ideal e ideal-do-eu, associada à reconstrução da imagem do corpo sexuado. Com efeito, o corpo produzido pelo estádio do espelho e associado ao eu-ideal é um corpo fora-sexo, ao passo que o corpo associado ao ideal-do-eu, orientado pelo Édipo, é um corpo sexuado, mas o interdito dirigido à genitalidade e à imaturidade real em conjunto permitiu que essa discordância fosse mascarada durante o período de latência, salvo exceção, mascarada sob diversas tramas que deixavam como potenciais essas marcas de sexuação. Este terceiro tempo narcísico é o de três experiências. A imagem infantil do corpo não corresponde mais a seu corpo atual, reanimado pelas pulsões sexuais; o que fora constituído como eu-ideal se mostra insuficiente e inadequado. O adolescente constata que os adultos não são o que são e não encaixam mais o golpe como encarnações imaginárias do Outro, de modo que a legitimidade do ideal-do-eu como figura positiva do supereu desaba. Assim, o ideal-do-eu infantil não corresponde mais às novas exigências superegóicas, tanto as do supereu coletivo quanto as desta outra encarnação imaginária do Outro que é então o Outro sexo; o corpo projetado e orientado pelo ideal-do-eu não vale mais. Assim, há, ao mesmo tempo, renúncia pubertária à reconciliação das duas instâncias pelo próprio

[3] Segundo Philippe Gutton, *Le Pubertaire* e *l'Adolescens*, Paris, PUF, 1990 e 1996, uma reconstrução narcísica da adolescência, exigida pela puberdade. Sobre o estatuto do corpo, ver também nosso artigo, A. e J.-J. Rassial, "De l'image inconsciente du corps", in *Quelques pas sur le chemin de F. Dolto*, op. cit., 1988.

corpo e necessidade de refundar o corpo e os ideais; momento de angústia e de depressão conjugadas, como vimos, de fragilidade narcísica à espera de uma nova nodulação. Para que esta terceira operação narcísica não somente tenha lugar, mas também já se imponha ao sujeito, é preciso que o primeiro e o segundo momentos tenham sido atravessados e que, durante o período de latência, uma pacificação[4] tenha permitido um funcionamento dialético, de modo que o jovem sujeito tenha podido acreditar, tanto tempo quanto possível, na esperança de uma reconciliação entre eu-ideal e ideal-do-eu, ou seja, entre corpo imaginário e corpo simbólico, até este golpe do real dirigido ao corpo pela puberdade.

Se, nas psicoses, há fracasso radical das duas primeiras operações, sob o modo de um evitamento ou de uma confusão – evitamento esquizofrênico, confusão paranóica –, ou, ainda, conflito não-dialetizado que deixa o sujeito fora do corpo, melancólico, tendo como única solução a alternativa maníaca, é nos estados limites que se opera uma solução, sobretudo econômica: a de uma clivagem. Clivagem do eu [*moi*], não entre uma parte submetida ao princípio de prazer, a outra ao princípio de realidade, mas entre o corpo imaginário e o corpo simbólico, um sustentado pelo eu-ideal, ao preço da alienação, o outro sustentado pelo ideal-do-eu, ao preço de uma projeção. Por vias diferentes, vou estritamente ao encontro da idéia de Jean Bergeret de um pseudoperíodo de latência, posto que este tempo de engodo estruturante foi escotomizado, pois em lugar do conflito ocorreu uma clivagem que, ainda que certamente protegendo o sujeito de experiências dolorosas, afeta a constituição mesma da imagem inconsciente do corpo.

Enquanto a clivagem do eu se mostra como um risco adolescente, ela foi precocemente realizada por este sujeito em estado limite e a experiência pubertária não teve lugar. Nesta ótica, podemos com justiça definir o estado limite como um estado de adolescência prolongada, sob a condição de assim entender que se trata de uma adolescência tanto antecipada quanto interminável, ou melhor, no sentido de Philippe Gutton, de um estado pubertário permanente. Na oportunidade de uma apresentação de doentes, organizada em Montpellier[5], concordei com um colega, de orientação

---

[4] C. Arbisio-Lesourd, *L'Enfant de la période de latence*, Dunod, Paris, 1997.

[5] Por M. Assabgui, na clínica de La Lironde; o analista de que falo é P. Decourt.

kleiniana, que considerava um paciente tomado por uma enorme dificuldade narcísica como tendo ficado numa posição infantil que perturbava seu corpo de adulto e propunha que alguém se encarregasse dele sob o modo de uma análise de criança, utilizando desenho e olhar como mediações, ou melhor, como ferramentas de interrogação sobre seu narcisismo.

O que teria fracassado, nos dois primeiros tempos, seria a conjugação do imaginário com o simbólico. No nível do estádio do espelho, na medida em que o efeito é ao mesmo tempo produzir um eu especular sob o olhar do Outro e transformar a consistência do Outro de real em imaginária na direção do simbólico, o sujeito em estado limite ficou no primeiro termo da operação e solicita sua repetição. Assim, aceitando a alienação imaginária do sujeito em eu [*moi*], ele recusa – é bem de foraclusão que se trata – o outro resultado que é a separação do Outro e a alienação simbólica que dá lugar à função paterna, isto é, os primeiros engajamentos na socialização. De qualquer forma, seu corpo permanece o da criança, ao passo que seu espírito rompeu o pacto com ele; de modo que ele fica numa dependência que pontua suas idas e vindas para a família, com relação à mãe e ao pai imaginários.

Na outra vertente, ao lado desta efetuação parcial, o eu [*moi*] do sujeito em estado limite não adquire bastante consistência imaginária para suportar ser o lugar de projeção das determinações simbólicas. Se o ideal-do-eu se constrói, é certo, como conjunto ordenado de traços paternos, ele assim fica dividido entre uma parte integrável ao eu, na medida em que estes traços completem o eu-ideal sem limitar o supereu, sem positivar os interditos (o que, sem dúvida, um pai "maternal" acentua na realidade), e uma outra parte, totalmente exterior, inatingível, projetada nos pais ou em outras pessoas. Assim, o ideal-do-eu, longe de permitir uma confusão, mesmo que potencial e primária, entre exigências sociais e exigências libidinais, não produz um pólo ao qual o eu-ideal poderia se igualar; seus lugares permanecem radicalmente separados; ao contrário, ele entrega o sujeito à fascinação de todo outro exterior[6], líder, hipnotizador ou amante, e dá uma outra chave que a materna à relação anaclítica. Ou seja, o ideal-do-eu é

[6] S. Freud, "Psychologie collective et analyse du moi", in *Essais de psychanalyse*, Payot, Paris, 1988.

aqui, antecipadamente e sem limite, uma pura figura de alienação, em sua essência e não no acontecimento pubertário de sua desmontagem.

A operação adolescente e suas condições pubertárias são profundamente modificadas e é então que se marcará a especificidade narcísica do estado limite, a puberdade fisiológica não abrindo para uma crise, mas para uma catástrofe, quando se confrontam a imagem infantil do corpo e a exigência da genitalidade. Já vimos como a manutenção de uma bissexualidade idealizada podia constituir uma defesa contra as emergências pulsionais, mas há outras formas sintomáticas que são ainda mais inquietantes e, ao menos parcialmente, encontram seu impulso nesta clivagem, como a de certas anorexias e quase sempre como aquela, mais rara, do rapaz, do engajamento toxicômano, ou ainda a de rajadas delirantes com tema hipocondríaco. A discordância entre eu-ideal e ideal-do-eu, longe de permitir uma invenção adolescente, se prolongará numa multiplicação das clivagens, afetando, com o eu, o supereu[7], os objetos, até mesmo as pulsões (no sentido de uma desintricação entre pulsões sexuais e pulsão de morte). Para alguns – outra solução –, a adolescência marcará a entrada numa lógica psicossomática, cujo outro impulso examinaremos mais adiante, a pane do pensamento (no sentido do que a École de Paris nomeia pensamento operatório).

Coloco assim um problema psicopatológico, o das neuroses ditas narcísicas, que fazem sucesso do outro lado do Atlântico. Com efeito, são assim qualificadas três realidades psíquicas divergentes: primeiro, a do neurótico, na vizinhança com o perverso, que, de um modo necessariamente conflitual e parcial, teve êxito nas três operações narcísicas, cujas falhas só retornam por fracassos pontuais provocados por acontecimentos ou maus encontros, em momentos transitórios de alternância entre depressão e condutas mais perversas que maníacas, no sentido de uma atualização da fantasia; a do psicótico, para o qual estas operações fracassaram essencialmente, o que lhe dá seu aspecto depressivo fundamental, além mesmo da verdadeira melancolia, e seu fechamento a qualquer relação com o outro (pequeno outro objetalizado); reencontramos aí a nomeação freudiana de neuroses

---

[7] J.-J. Rassial, "Un clivage du surmoi?", in *Le Passage adolescent*, op. cit..

narcísicas, opostas às neuroses de transferência; enfim, a do sujeito em estado limite, para o qual é mantida em suspensão a atualidade dessa construção narcísica e se repete – em toda relação, então anaclítica – a tentativa de realizar com sucesso essas operações imaginárias e simbólicas necessárias para extrair, egoicamente, o sujeito do real. Na França, prevalece a idéia de assimilar estas neoneuroses narcísicas a este estado limite, do qual elas seriam uma das expressões.

Uma pane do pensamento[8]

Entre as postulações de André Green, há pelo menos uma, maior, que deveria ser unânime entre os clínicos e nos impõe examinar, ao menos com Freud, se não com Bion, a questão do pensamento. Cito[9]: "Segundo o princípio de realidade, o aparelho psíquico deve decidir se o objeto está ou não está presente: 'sim' ou 'não'. Segundo o princípio de prazer, como a negação não existe no inconsciente, nem no processo primário, só permanece o 'sim'. Winnicott definiu o objeto transicional como coexistência do 'sim' e do 'não': o objeto transicional *é* e *não é* o seio. Um outro tipo de resposta é fornecido pelos casos limites: *nem sim, nem não.* O objeto transicional é uma *recusa positiva* de escolher entre um 'sim' e um 'não' admitindo sua coexistência e é por isso que ele pode ser criador. Os sintomas do caso limite que tomam lugar de objetos transicionais manifestam uma *recusa negativa da escolha*: nem 'sim', nem 'não'. Colocada em termos de existência, a questão poderia ser: o objeto está morto (perdido) ou vivo (encontrado)? Ou 'estou morto ou vivo?'. Nem 'sim', nem 'não'".

Uma palavra vem, freqüentemente, para caracterizar esses sujeitos, seja ela utilizada por eles mesmos ou sejam eles assim qualificados: a constatação de uma falta de realidade, diferente da perda de toda razão de viver, que designa a melancolia, e da apatia provisória dos neuróticos. Prefiro, à metáfora "vazio do pensamento", a de uma pane, no sentido em que ne-

---

[8] Remeto, se seu texto for um dia produzido, ao curso de Philippe Lévy sobre "Origine du penser, pensée des origenes" [Origem do pensar, pensamento das origens], que ocorreu em 1995-1996, em D.E.A, no mesmo ano que o meu.

[9] A. Green, *La Folie privée*, op. cit., pp. 138-139.

nhuma energia libidinal sustentaria o sujeito, energia que faz do pensamento um exercício de prazer, mas também pane dos sinais que vêm da realidade para dar fórmulas de compromisso possíveis. De fato, aparece então, na vertente intelectual dessa afetividade, uma indecisão, não a da hesitação, mas a de uma posição tomada ao avesso das exigências de julgamento e que eletivamente atinge o social; o desinvestimento é acompanhado de uma renúncia. O que Bernard Gibello[10] indica, no psicopata, por uma dificuldade de secundarização, de temporização, de elaboração de um compromisso que dê lugar ao pensamento ao invés do ato, mas também o que Pierre Marty[11] designa, nos doentes psicossomáticos, como pensamento operatório se originam nessa "recusa negativa" de pensar, antes que em um transtorno cognitivo deficitário ou "desarmônico", pois trazem uma posição subjetiva que protege o sujeito das conseqüências de um narcisismo desfalecente.

Uma jovem que atendi durante algum tempo, antes de encaminhá-la, por razões geográficas, para um colega, formulava uma dupla queixa: "diga-me que sou burra, que tenho uma debilidade orgânica"; e, sobretudo, "diga-me que não há nada a fazer, nem de minha parte, nem da parte de ninguém, para resolver isso". Mesmo que, com muita inteligência, ela pudesse trabalhar na interpretação de seu próprio dizer, cada avanço era assinalado por uma retração marcada por *acting out* (falta às sessões, não-pagamento), passagem ao ato (uma batida de automóvel e, sobretudo, uma gravidez imprevista), fracassos sociais e universitários repetitivos, que ela primeiro justificava com um "não compreendo nada disso" ou com um "isso me irrita e isso não serve de nada". Um passo foi dado pela aparição, ou formulação, de sintomas fóbicos: ela não suportava a experiência do exame, porque, dizia, "estamos ao mesmo tempo sós e em meio a uma multidão". Certo dia, ela foi tomada, sucessivamente, nesta situação, por uma vertigem, depois por um pânico que a fez fugir, ainda que soubesse, desta vez, que podia responder às questões propostas. Um episódio de sua infância lhe veio então à memória, condensando o que, a seu conhecimen-

---

[10] B. Gibello, *L'Enfant à intelligence troublée*, Le Centurion, Paris, 1984.
[11] P. Marty, *La Psychossomatique de l'adulte*, PUF, Paris, 1990.

to, se havia repetido durante muitos anos antes da separação de seus pais: quando "amigos" dos pais estavam na casa, seu pai as levava – ela e sua irmã mais nova –, durante uma ou duas horas, para comprar um brinquedo ou doces, às vezes para ver um espetáculo, de um modo que parecia improvisado; eram as únicas ocasiões destas saídas com o pai, cúmplice das aventuras repetitivas de sua mulher. Certo dia, quando voltaram, a esposa ainda estava deitada com um de seus parceiros e, segundo ela, que tinha à época a idade de cinco ou seis anos, foi neste momento que compreendeu o que se passava, fez perguntas e o pai e a mãe lhe responderam que "ela não tinha nada a ver com isso". Ela se lembrava de ter, então, "inventado histórias" para explicar o que não devia saber, chegando a construir muito precocemente um desses romances familiares que encontramos com mais freqüência em adolescentes. Depois, para ela, toda relação com o outro era enganadora e a proibição de saber se transformara, até mesmo se elaborara como impossível de pensar, deixando-a funcionar sob um modo que encontramos nos sujeitos que vivem sempre uma situação de abandono. Seu ar hesitante tomou um outro sentido mais radical, o de hesitar sobre sua existência mesma, numa formulação vizinha da de Hamlet.

Essa pane do pensamento encontra sua lógica nas questões narcísicas. O neurótico joga com o Vel, isto é, a disjunção exclusiva, entre o ser e o pensamento: eu penso ou eu sou, de modo que eu penso obsessivamente contra o ser, que só retorna sob o registro da morte, ou, então, eu sou histericamente contra o pensamento, que só retorna no saber do Outro sobre meu próprio corpo. O psicótico suprime o Vel, sob um modo paranóico chegando a ser não aquele que pensa, mas o próprio pensamento – êxito do "grande homem" hegeliano, encarnando o Espírito –, sob o modo esquizofrênico excluindo-se tanto do ser como do pensamento, ou sob um modo melancólico pregando o não-ser e aniquilando o pensamento. O perverso – e sem dúvida também o fóbico – distribui este Vel: o pensamento para o sujeito, o ser para o Outro, ou ainda o contrário: um é, o outro pensa. O sujeito em estado limite é a hesitação mesma: ele se encarna neste Vel, no Ou bem, ou bem, de Kierkegaard, não para escolher, de acordo com uma escolha que se revelaria necessariamente má, não para impor uma certeza, mas encarnando a incerteza, desafiando esse ego que o sustenta ainda como incerto. Joyce também seria exemplar aqui, não por "ser escritor", como coloca Lacan, mas por ser o "escrevente" autor de um itinerário que não se detém, nem se malogra a não ser pelo surgimento de um real, chamado dia, ou chamado noite.

Uma situação particular pode induzir ou confortar uma semelhante posição de entre dois: assim ocorre com a criança entre duas culturas, ou ainda com aquela que se tornou a encarnação objetal do conflito entre os pais, que confirmam assim, ao exigi-lo, o impossível de uma escolha entre o paterno e o materno, entre o eu-ideal sustentado pela Mãe e o ideal-do-eu proposto pelo Pai, entre o masculino e o feminino, ou até mesmo quando, inversamente, a criança encarna o sinthoma do casal, quando ela legitima uma troca dos papéis paterno e materno entre os pais. Os sistemicistas poderiam ver nisto um processo totalmente diferente do *double bind*, pois são dois sujeitos distintos, em dois lugares distintos, que têm dois discursos diferentes, mas, em nome de uma enorme distância ou, ao contrário, de uma confusão, o efeito é o mesmo: uma perturbação e uma paralisia do pensamento e da identidade se a criança não tem os meios e as condições neuróticas para interpretar isso. É neste sentido que a modificação atual da estrutura familiar aumenta o número de estados limites, pois não assegura mais a função organizadora, mesmo que mentirosa, do período de latência.

Terceira parte

Lógica do estado, topologia do limite

Há um paradoxo, tanto na reticência de Lacan quanto na oposição absoluta dos lacanianos, em dar um estatuto conceitual e diagnóstico ao estado limite e na ausência de referência dos teóricos do estado limite ao ensino de Lacan, particularmente a suas últimas elaborações. Com efeito, as próprias palavras "estado" e "limite" não se fundamentam melhor que numa formalização lógica e topológica e tentarei escrever-lhe o "matema", quer dizer, um modelo não somente descritivo, mas se possível operatório, já que não somente nele se encontra uma estrutura, mas também o lugar do analista e sua função. Privilegiarei a leitura do seminário sobre o sinthoma, ao mesmo tempo que uma releitura, à luz destas últimas invenções lacanianas, do *Homem dos lobos*.

Por um lado, essa formalização lacaniana modifica a concepção do Real. É ao se referir ao Lacan do período lingüístico que André Green tem razão de mostrar que a categoria do real permanece fluida e pouco utilizada, pois que, como vimos, ela é naquela época definida negativamente: o real é o que não é simbolizado, ele é produzido como o resto da simbolização e seus retornos são, essencialmente, patológicos. Com o nó borromeano, o real, positivamente, se mostra duas vezes, como um dos elos, como a própria estrutura e, pela passagem do não-ser do real – este não-ser de onde emerge o ser, ao pé da letra: "sou ali onde se vocifera que o universo é um defeito na pureza do não-ser[1]" – a seu estatuto de impossível e de incessante – o real é o que não cessa de não se escrever –, adquire um estatuto de positividade paradoxal. Pelo que devemos examinar, novamente, a relação entre o real e a realidade, precedentemente reduzida a seu valor imaginário, por conseqüência, mundano, da representação. Este real é o que deve ser conceitualizado para pensar o limite.

Por outro lado, o conceito de sinthoma modifica profundamente a psicopatologia que Lacan desenvolvera precedentemente, em particular no seminário sobre as psicoses[2]. É notável que no seminário sobre o sinthoma[3], a propósito de Joyce, Lacan reabilite, como André Green fará mais tarde, a palavra "loucura", distinguindo-a da psicose. O quarto elo, assim, modifica a solução de continuidade entre neurose e psicose, já que este quarto, necessário, se não tem a mesma função, nem, portanto, o mesmo desígnio segundo as estruturas, indica uma continuidade pelo menos clínica, pelo menos segunda, entre as diferentes nodulações, a três elos ou a três espaços. Pelo menos, pois estas últimas invenções topológicas dão um outro estatuto ao nó borromeano a três elos: o de não mais, diríamos, ser encontrado no homem, autorizando-nos a escrever um número impressionante de nodulações diferentes, do que não nos privaremos. Por isto, na topologia lacaniana, é retomada a questão de uma temporalidade (este quarto elo é necessariamente segundo, logicamente) e a possibilidade de descrever o que chamaremos estados, estados sucessivos do sinthoma e, por isto mesmo, da estrutura.

Nesta parte, tentaremos diversas escritas que deveriam nos conduzir depois a examinar ao mesmo tempo as condições de uma mudança e, logo, de um tratamento dos sujeitos em estado limite.

---

[1] J. Lacan, "Subversion du sujet et dialectique du désir dans l'inconscient freudien", in *Écrits,* op. cit. (citação já utilizada).

[2] J. Lacan, *Le Séminaire, Livro III,* "Les psychoses", Paris, Seuil, 1981.

[3] J. Lacan, *Séminaire 1975-76,* "Le sinthôme", Association freudienne (documento interno); sobre a loucura, pp. 94-95, que citamos adiante.

7. O real do limite

Se há um avanço no conceito do limite, mais que no da neurose e no da psicose, e sem reduzi-lo à distinção interno/externo, é a distância proposta por Lacan, e deixada em reserva, entre real e realidade, a escrever ao mesmo tempo nas duas pontas de uma tópica do aparelho psíquico e num recobrimento dinâmico, específico de cada estrutura clínica. Assim, o sujeito em estado limite, em sua relação ao mesmo tempo com seu próprio corpo, com a língua e com o mundo, testemunharia um recobrimento simples do real e da realidade, de tal forma que o efeito paradoxal das clivagens desembocaria, de fato, em um estado de confusão.

Real e realidade

André Green, parando em sua leitura no período dito lingüístico, o que J.-C. Milner[1] define como um "primeiro classicismo", não está errado em considerar que então Lacan negligencia a categoria do real por ele produzida. Será necessária a topologia, sobretudo a topologia dos nós, para que esta "di-mensão" ocupe um lugar central.

A primeira concepção do real é aquela originada pela leitura da denegação: "O real é o que não é simbolizado". Definição negativa, mas que enfeixa os motores de sua positivação, ao ser o real duas vezes definido:

[1] J.-C. Milner, *L'Oeuvre claire*, Seuil, Paris, 1995.

primeiro no "há", quer dizer, o conjunto do que faz signo ("signo de percepção", nos primeiros trabalhos de Freud), signo para o sujeito como uma totalidade de que ele seria a exceção; é o que vai ou não ser simbolizado, reduzido, contido por significante, ou não, o sujeito ocupando nisto o ponto fixo topológico, ponto de exceção do todo. Mas, imediatamente, tem lugar uma operação primária, separação operada sob o efeito da língua – ou castração simbolígena, diria Dolto –, efeito da língua como "banho de linguagem" não ainda articulado, que não descreveria um simbólico concebido como uma série enumerável de significantes, mas como uma linha reta contínua (que utilizarei no capítulo seguinte); desta forma, o real é transformado, reduzido ao que escaparia a este simbólico primário, o das representações de coisas, constituindo então o conjunto não-ordenado do que se apresenta como impossível de simbolizar.

O real, ao mesmo tempo, "não é", mas "é" o resto da primeira operação simbolígena de *Bejahung/Verwerfung* (afirmação/abolição), repartição que produz – ou não produz, no autismo – um espaço psíquico virtual. Em outros termos, o real é o que ek-siste ao sujeito, o que fica fora dele na medida em que ele é significante barrado, $, por esta refenda essencial.

Mas este real expulso, sustentado, reforçado pelo que do simbólico constituído será em seguida foracluído, confirmado por signos que retornam sem significante para contê-los, insiste, ainda que seja sob esta categoria de impossível.

De acordo com esta primeira abordagem, em que o real antecipa logicamente o simbólico e insiste como o que lhe escapa, a realidade se escreve do outro lado do simbólico, no lugar mesmo do imaginário, desta vez como efeito do julgamento de existência. Enquanto o real insiste como o que não cessa de não se escrever, a realidade, em contrapartida, é o resultado, em retorno, em retroversão, de uma série de inscrições que tentam recobrir este real excluído, para produzir ao mesmo tempo o eu [*moi*] e o mundo exterior, reconciliados. Deste modo, a realidade, a do princípio de realidade, seria este "mundo como minha representação", irreal posto que em harmonia com uma lógica imaginária.

Será necessário o uso de modelos topológicos para que Lacan, de toda forma, renuncie a sua crença dupla – e próxima da de Freud na primeira tópica – no primado do simbólico e na suficiência terapêutica de um ato na língua – é então que ele começará a empurrar seus pacientes para além das palavras –, porque esta série real-simbólico-imaginário-(realidade) não se apresenta mais como uma progressão, mas se estrutura em nós, mudando radicalmente, em particular, o estatuto do objeto.

Um modelo da relação real/realidade

Diversos esquemas de André Green permitem descrever o limite entre real e realidade, definindo zonas distintas. O primeiro determina dois limites[2]: "Uma fronteira que separa o bom (o dentro) e o mau (o fora). Esta divisão é concomitante à separação do 'sim' (do dentro) e do 'não' (do fora) seguindo as leis do julgamento de atribuição e do princípio de prazer-desprazer. Um segundo processo intervém, uma fronteira horizontal, separando, no espaço do dentro, o agradável do desagradável, o prazer do desprazer [...]. As duas fronteiras (vertical e horizontal) se combinam para separar a realidade externa, de um lado, a realidade interna, de outro".

Esquema de A. Green

DENTRO			FORA
	RI (REALIDADE INTERNA)		RE (REALIDADE EXTERNA)
CONSCIENTE PII (PROCESSOS SECUNDÁRIOS)		P.DP/R (PRINCÍPIOS DE PRAZER-DESPRAZER E DE REALIDADE)	PII
PRÉ-CONSCIENTE		SIM/NÃO	SIM/NÃO OBJETO
		Rψ (REALIDADE PSÍQUICA)	
INCONSCIENTE	PI (PROCESSOS PRIMÁRIOS)	P (PRINCÍPIO DE PRAZER) SIM	? (RELAÇÃO DE NÃO-CONHECIDO)

[2] André Green, "La double limite", in *La Folie privée*, op. cit..

Proporei um complemento nomeando não mais dois, mas três limites.

Mas é sobretudo num segundo esquema que me apoiarei[3], sem comentá-lo antes de transformá-lo:

[3] Esquema retirado de A. Green, "Quelle théorie pour les états limites?", in *Les États limites*, AFPEP, Paris, 1993.

Esquema de A. Green

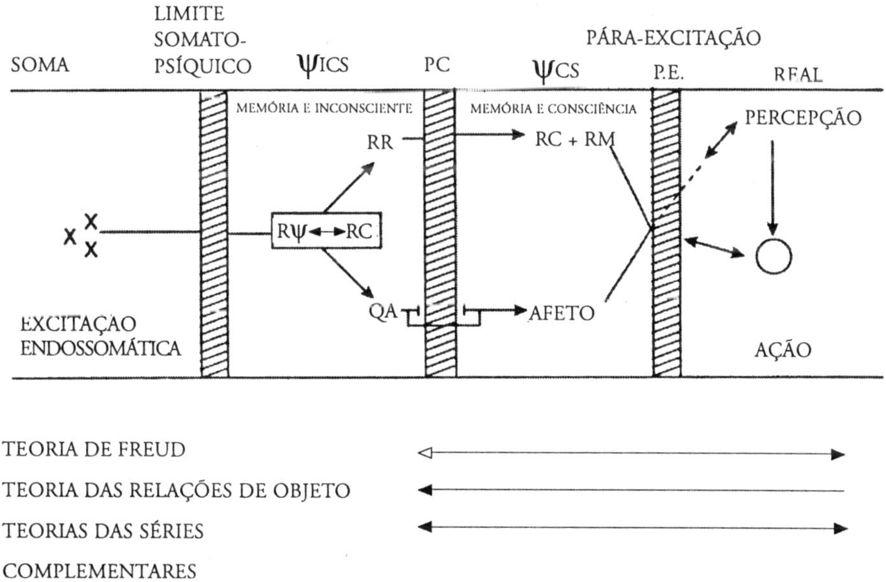

Legenda: Rψ; representante psíquico da pulsão
RR: representante-representação
QA: quantum de afeto
RC: representação de coisa ou de objeto (inconsciente ou consciente)
RP: representação de palavra
O: objeto

*As zonas pontilhadas representam respectivamente: o limite somatopsíquico, a barreira do pré-consciente (ou o recalque que lhe é coextensivo) e, por fim, o pára-excitações. É simples transformar este esquema que se refere à primeira tópica nos termos da segunda tópica: Isso ancorado no somático, desprovido de representações; Eu [*moi*] inconsciente e consciente; Supereu, ancorado no Isso e cobrindo os territórios do Eu inconsciente e consciente, recobrindo o conjunto.*

Proponho utilizar este esquema extraído de Freud para diferenciar Real, Simbólico, Imaginário e Realidade, acrescentando um quarto limite que, de fato, seria o fechamento em banda (comum ou de Möebius) desta fita pelo que Lacan nomeia como sinthoma e que examinaremos mais adian-

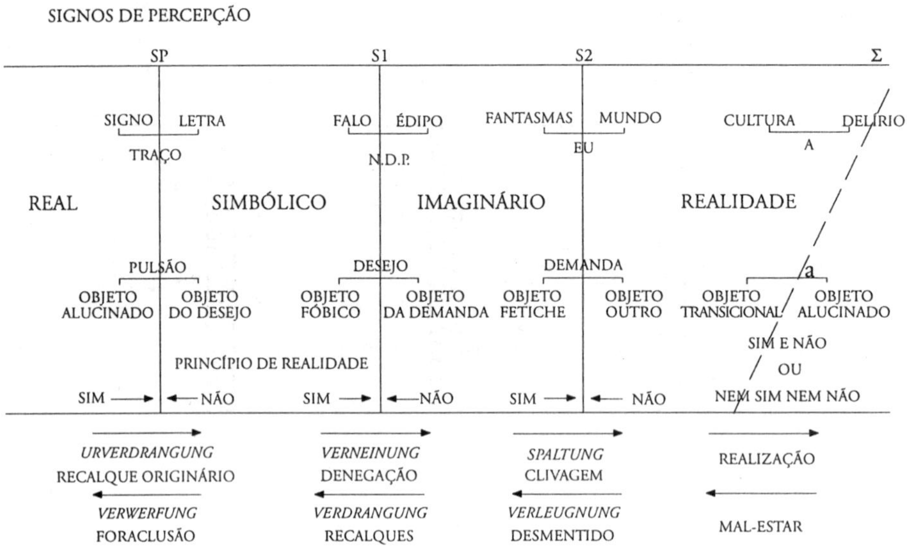

te. Escrevo também, segundo os princípios de estanquidade e de permeabilidade entre as zonas, operadores psíquicos:

Neste esquema, cada um dos limites define uma qualidade particular do significante que rompe com o que seria uma compreensão idealizada, até mesmo espiritualista, mas também permite inscrever tipos diferentes de objetos segundo o modo de ultrapassamento.

O primeiro limite, que de bom grado nomeio esquize, separa real e simbólico, em função de uma "escolha" que seria aquela que Freud define como julgamento de atribuição, segundo o tratamento dos signos de percepção. Do lado da representação, não é o significante que se opõe ao signo, mas a letra, no sentido em que Serge Leclaire[4] faz dela o resto [*trace*] de um desenho do dedo da mãe no corpo da criança, no que ela se sustenta por um traço [*trait*]. O que não ultrapassa este limite faz signo no real, às vezes até mesmo dando consistência à Voz do Outro, na alucinação auditiva. Do lado objetal, é pelo fato da pulsão, limite somatopsíquico, que vem

[4] S. Leclaire, *Psychanalyser* e *Démasquer le réel*, Seuil, Paris, 1973 e 1979.

se constituir em falta o objeto do desejo, como objeto da falta, no lugar onde, no real, persiste o objeto alucinado. Este limite, da esquerda para a direita, é franqueado, ou não, sob um modo inaugural, primário, mas nada impede uma retroação secundária que faça com que, esbarrando no segundo limite, uma representação novamente o ultrapasse, em sentido inverso, e que assim algo inicialmente recalcado seja depois foracluído.

O segundo limite, intrapsíquico, separa simbólico e imaginário em função do destino do significante-mestre, cuja primeira ocorrência é o falo, enquanto significante a-semântico, que o nome-do-pai, que situo aí, interpreta para permitir sua tradução edipiana. Se o simbólico, na sua relação com o real, se apresenta "maciçamente" como um campo cuja ordenação permanece virtual, sob a forma exemplar da alíngua, ele só se articula ao imaginário pela discreção da língua, a solução de continuidade que distingue um significante de um outro. No plano objetal, uma vez constituído o objeto do desejo, é sua relação com o significante-mestre, a distância entre eles, na verdade – se nenhum significante representa o objeto *a* e se nenhum objeto é o sentido do significante 1 –, que só deixa como escolha, no momento constitutivo assim como retroativamente, dele fazer, não-dominado, o objeto de uma fobia, ou inventar em suas pegadas um objeto, insatisfatório por natureza, a demandar. Ultrapassamento que segue a dialética do recalque (secundário) e da denegação como modo de retorno deste recalcado e que, em retorno, define o primeiro limite (afirmação/foraclusão) como o do recalque originário.

Propor um terceiro limite é, para além de Lacan, distinguir imaginário e realidade, segundo a partição que S_2 efetua, em sua acepção múltipla, de saber, de cadeia de significantes e de outros significantes que o significante que marcaria a diferença sexual (até mesmo como significante do outro sexo). O eu [*moi*], então, no nível da representação, teria efetivamente uma função de filtro entre as fantasias conscientes – não a fantasia inconsciente enquanto fórmula do laço entre o sujeito e o objeto, cujo lugar é mais à esquerda – e o mundo como conjunto das representações, das gestalts, diziam os psicólogos da forma e os fenomenólogos, dando um estatuto pacificado ao mundo exterior, construído originalmente como espaço transicional. Do lado do objeto, a questão da troca se coloca como ou bem constituir e reconhecer o outro (pequeno *a*) como objeto na via do *alter ego*, ou bem se rebater, em todos os sentidos do termo, no objeto fetiche, segundo a ordem de uma demanda formulada ou de uma retração auto-erótica. Ultrapassamento que segue as vias de uma *Spaltung* ordinária, aquela, por exemplo, que distingue vida privada (colocando o acento na falta que aí se inscreve) e vida pública e é contrariada por uma *Verleugnung*, um desmentido ou condenação, que encontra aqui um verdadeiro fundamento para sua tradução por "negação [*déni*] da realidade" (não do real).

O quarto limite tem um estatuto particular, cuja explicação eu deixo em reserva, para os capítulos seguintes, de toda forma designando-o por um Σ do sinthoma. Por um lado, a qualidade do Outro, transindividual, distingue o conjunto dos discursos, científicos, artísticos e outros, que constituem a cultura, no sentido forte do *Kultur* alemão, e o delírio, na medida em que ele interpreta diretamente, sem transformação, os signos do real; por outro lado, a qualidade do objeto *a* distribui o que segue o objeto transicional (achado/criado) nos encontros e nas produções do sujeito e o que recorda o objeto alucinado. Com efeito, este limite constitui o modo de afivelamento entre a realidade e o real, no qual o aparelho psíquico é tanto o agente das realizações do sujeito, quanto a vítima de um mal-estar, qualquer que seja sua manifestação de sofrimento, segundo a realidade se articule melhor ou pior ao real.

Encontro entre realidade e real

De fato, se seguirmos este modelo, esse limite se escreve como um recobrimento, um fechamento de uma banda constituída na mesma medida dos limites operatórios do aparelho psíquico e, muitos recobrimentos são possíveis, na medida em que esta construção, mais ou menos exitosa, tenha ocorrido. O que se avalia, então, é a relação entre a realidade e o real, sobre a qual poderíamos dizer que o recobrimento comum é o de uma banda de Möebius, uma parte do real e uma parte da realidade constituindo, por colagem, o avesso uma da outra, na sincronia, um percurso, exclusivamente diacrônico, criando um espaço incerto (tão longo ou quase tanto quanto o anverso da banda em seu primeiro estado), incerto entre realidade e real, com o verso da banda tornado direito desta banda de Möebius sem avesso. Esta é toda a questão da existência no mundo: que a realidade encontre um impossível do real que ela só encontra na morte, segundo uma fronteira (a do sinthoma) que só vale constitutivamente por só ter como resultado uma colocação em continuidade do real e da realidade.

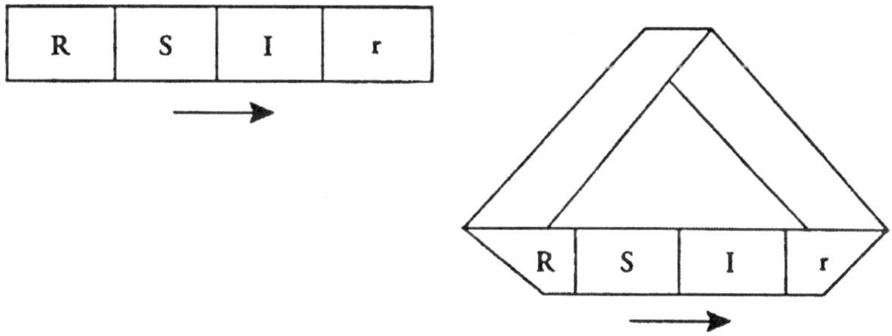

Proponho considerar que, para alguns sujeitos, não há torção. Deixemos a psicose à parte, pois, nela, para usar este modelo, a banda é mal constituída, ou só se fecha por um tipo de sinthoma que estudaremos mais adiante; mas sem dúvida, nesse caso, este modelo é insuficiente. Se real e realidade se recobrem sem torção, pelo interior ou pelo exterior, o que dá topologicamente no mesmo, um certo número de fenômenos aparece: a primeira conseqüência é deixar que se constitua, no verso da banda, uma zona totalmente inacessível, virgem e terrificante, um novo real que não permite nenhum tipo de apreensão no simbólico ou na realidade, uma nova categoria de real.

A segunda conseqüência é que, no anverso, há, sem intervalo, recobrimento do real pela realidade ou da realidade pelo real, na mesma face; quer dizer, o sinthoma, longe de preencher uma função de reparação como no fechamento da banda de Möebius, provoca, de fato, um estado de confusão do real com a realidade, dando lugar, alternativamente talvez, a uma subversão da realidade, como na doença psicossomática, ou a uma subversão do real pela realidade, como naquele que Bergeret nomeia de "o pequeno paranóico".

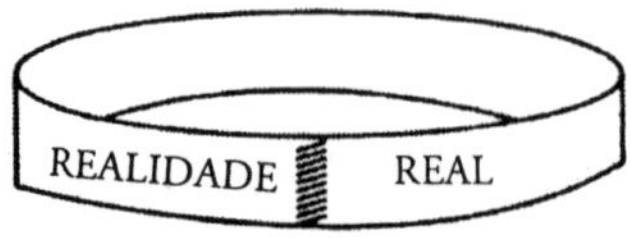

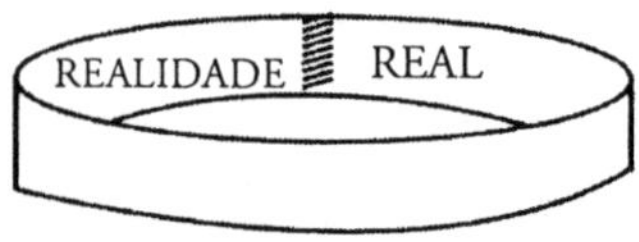

Mas se esta modelização permite argumentar esta confusão entre real e realidade, específica do sujeito em estado limite, ela deixa de lado a questão do engajamento em uma tal organização e sem dúvida fica muito próxima de uma metáfora que mostra seus limites, o que a topologia dos nós evita.

8. O estado do sinthoma

É com a topologia dos nós que dispomos de uma ferramenta adequada para modelizar o estado limite, com a condição de um certo rigor epistemológico no uso particular a ser feito destes objetos. Antes de propor um "nó do estado limite" e um tipo particular de sinthoma, é então necessário partir de nossa construção e apropriação deste modelo, através de três questões: a da estrutura, estrutura ideal que faz passar anéis de barbante a sua nodulação borromeana, a três, depois a da escrita de um quarto anel de estatuto particular, quando se passa de uma escrita da estrutura à tentativa de descrever estruturas clínicas complexas; por fim, a do conceito de estado, que sustentaremos, contra o de "caso" proposto por Green, de "fronteira", que Roustang sugere, ou de "linha", que traduz estritamente o "*line*" de *borderline*, apoiando-nos em um uso lógico deste conceito.

Da estrutura

Para meu uso, não seguirei inteiramente o percurso de Lacan: se o nó borromeano fosse dado de saída, ele sem dúvida constituiria metáfora, até mesmo presentificação da estrutura – no sentido em que Lacan diz que ele é a própria estrutura, não sua metáfora –, mas não seria modelo operatório. Não se trata de fazer dele o significante-mestre de um sistema, mas o modelo de uma estrutura que inclui, de acordo com o projeto estruturalista que tentarei respeitar, sua gênese e suas transformações, até mesmo sua dissolução. É, dizendo de outra forma, na medida em que o nó pode servir para dar razão do ponto de vista dinâmico – e não somente tópico – que eu o utilizo; antecipo, então, sobre o nó a quatro elos para pensar o nó a três consistências e propor uma abordagem clínica, ou mesmo cirúrgica de sua construção.

Em primeiro lugar, obtenhamos material: elos de barbante fechados, linhas de barbante, supostas infinitas, vetores em reserva; depois, operadores: tesoura, duas pinças constituídas de dois dedos de cada mão e uma operação nodulação (a mais simples é suficiente, do tipo nó de roseta); em terceiro lugar, com que escrever e apagar uma representação imajada do que fabricamos (como se sabe, é muito pouco o ferramental matemático a nossa disposição em topologia dos nós, o que nos facilita a tarefa).

Muitas possibilidades de construção nos são oferecidas e eu escolhi uma para meu uso[1]: sejam dois elos fechados superpostos, chamados aqui I e R (mas qualquer outra nomeação do terceiro é possível); podemos deslizar uma linha reta, infinita ou estendida pelas duas pinças nas extremidades, de tal forma que qualquer ruptura, desta linha ou de um anel, desataria o conjunto (fig. 1).

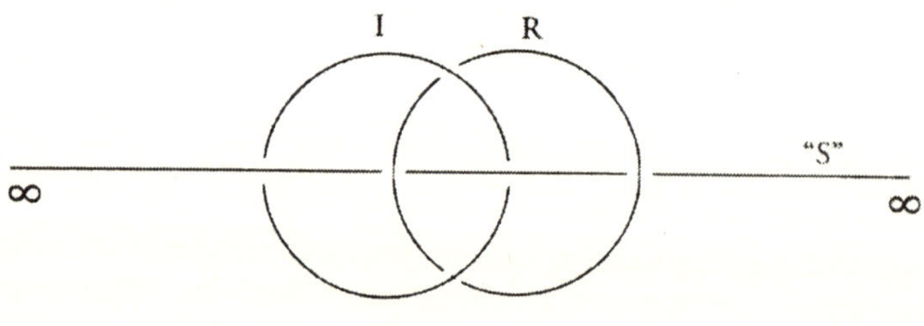

Fig .1

Chamemos de "S" esta linha reta mantida ou estendida pelas duas pontas. Este "S" designaria o "banho de linguagem", segundo a fórmula de Françoise Dolto, no qual é mergulhada a criança desde seu nascimento, ainda não afetada pela discreção (no sentido lingüístico) dos significantes: a alíngua que faz valer que há simbólico ainda virtual.

[1] Já utilizada em minha tese de 3º ciclo em 1985. Ver pp. 126 e seg., in *Le Passage adolescent*, op. cit..

Introduzir o significante, isto é, a discreção lingüística, a descontinuidade, é uma operação de corte nesta linha que inicialmente se apresentava como um real simbólico contínuo; golpe de real da letra e do significante sobre o real da alíngua, que segmenta esta reta (fig. 2).

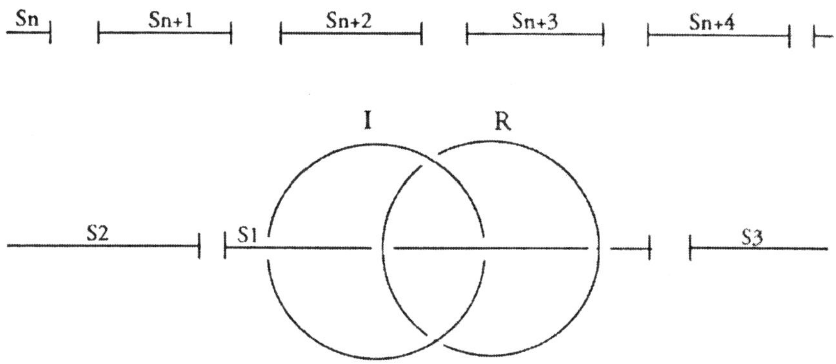

Fig. 2

Por isso, a nodulação borromeana não se sustenta mais e uma segunda operação (primeira na bricolagem) é necessária para fechar em elo um segmento qualquer deste fio, segmento que agora tem função de significante-mestre S_1 (fig. 3).

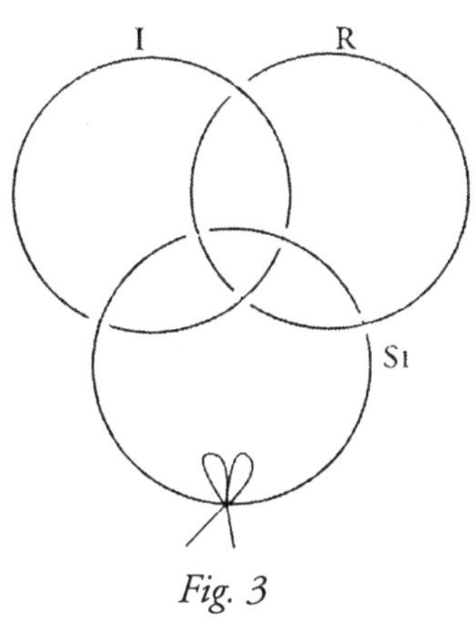

Fig. 3

Aqui, podemos nomear esta operação de nodulação, este nó qualquer, como operação nome-do-pai, a ser escrita n-d-p, para reduzir a metáfora materna que a sustenta, mas não a contém[2]. Operação que, por um lado, captura neste fechamento o gozo do Outro, já inscrito na figura 1, o objeto *a*, ele também, já parcialmente constituído e, por outro, permite escrever o gozo fálico e o sentido (o *jouis-sens**, poder-se-ia escrever como alguns) (fig. 4).

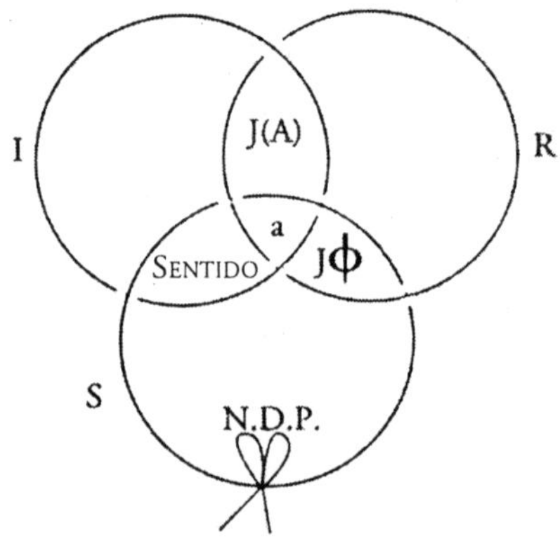

Fig. 4

Efetuar a mesma série de operações substituindo S por I ou R teria permitido escrever, em I, o corpo, a imagem do corpo, em R, o sintoma, "o que as pessoas têm de mais real", indica Lacan.

Mas este nó borromeano a três consistências, até mesmo complicado por um quarto ou um número bastante grande de fios constituindo uma trama, modeliza a mais pura estrutura, isto é, tal como ela não se encontra na natureza, isto é, na clínica, o que já mostram as psicoses, nas quais as consistências se prolongam entre si de maneira tão perfeita quanto são aqui distintas. Lacan proporá, então, um segundo nó a um fio, o nó trevo que, ao contrário do nó borromeano, daria razão a uma estrutura; vamos chamá-la estrutura mãe (fig. 5).

---

2 Ver Cap. 3.

* Palavra composta por *jouir* (gozar) e *sens* (sentido). (NT)

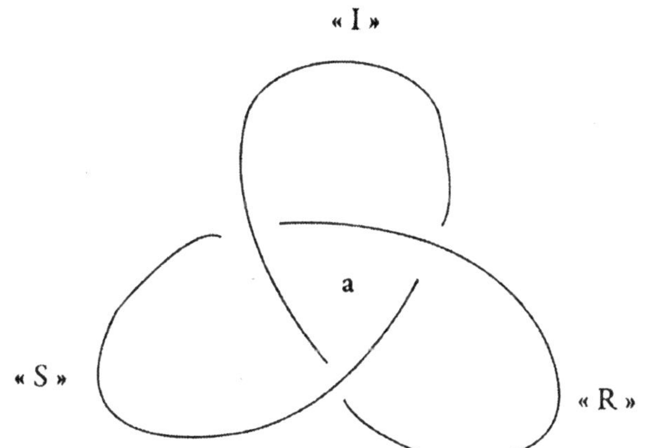

Fig. 5

Se este nó permite, sincronicamente, ler três espaços, valendo pelo real, pelo imaginário e pelo simbólico, e, no centro, o lugar necessário do objeto (*a*), é suficiente tirar um dos anéis para suprimir dois espaços, logo, o do objeto.

Em conseqüência disto suporemos estas duas nodulações nas extremidades de um quadro onde se inscreveriam verdadeiramente as estruturas clínicas.

Estruturas clínicas

Se sugeri uma temporalidade na construção do nó a três, gênese que só aparece por um uso físico do modelo, a invenção, por Lacan, do quarto elo, dito do sinthoma, exige, quanto a si, esta temporalidade, esta secundariedade reparadora. É no seminário "Le sinthôme[3]", consagrado a Joyce, que se percebe da melhor forma este encaminhamento. Para dar conta de estruturas clínicas complexas e modos de resolução possíveis, Lacan propõe "falhas" de escrita do nó borromeano ou do nó trevo que exigem uma reparação, o sinthoma necessário para evitar o que verdadeiramente

[3] O seminário ainda é inédito nas Edições Seuil. Eu cito uma transcrição publicada pela AFI para seu uso interno.

toma então sentido de descompensação, mas, desta vez, tanto neurótica quanto psicótica, na medida em que se chega aí ao que pode constituir "loucura" para um sujeito qualquer, não somente para alguns: "Trata-se de saber se, sim ou não, Joyce era louco; por que, enfim, ele não teria sido? Ainda mais na medida em que isso não é um privilégio, se é verdade que, *na maioria*, o Simbólico, o Imaginário e o Real estão confundidos a ponto de estarem em continuidade, se não há operação que os distinga numa cadeia, para falar propriamente, a cadeia do nó borromeano, do pretenso nó borromeano, pois o nó borromeano não é um nó, é uma cadeia. Por que não perceber que cada um destes elos continua, *para cada um*, no outro de uma maneira estritamente não-distinta e que, ao mesmo tempo, não é um privilégio ser louco?" [A generalização é sublinhada por mim].

Isso permitirá a Lacan propor, neste seminário, um certo número de falhas das nodulações essenciais, seja por colocações em continuidade, seja por erros de recobrimento. Indicarei duas delas e proporei uma terceira, para produzir um quadro no qual o nó borromeano a três consistências e o nó trevo constituiriam as extremidades.

Primeiro Lacan propõe um "erro" no nó trevo bastante instável. Tal como ele é constituído, determinando em sua configuração comum espaços para o real, o simbólico e o imaginário, o sujeito psicótico pode passar por "normal", mas, a cada movimento, um dos anéis pode desaparecer aniquilando-se, apagando ao mesmo tempo o espaço do objeto.

Um simples erro de cruzamento tem como efeito que a desaparição de uma das consistências faça apagar-se o conjunto do nó, que se torna um simples elo e, segundo a fórmula de Lacan, "flocula". Talvez pudéssemos escrever assim o que seria a separação entre o autismo e a psicose, ou ainda uma das formas possíveis de "confusão mental" (fig. 6).

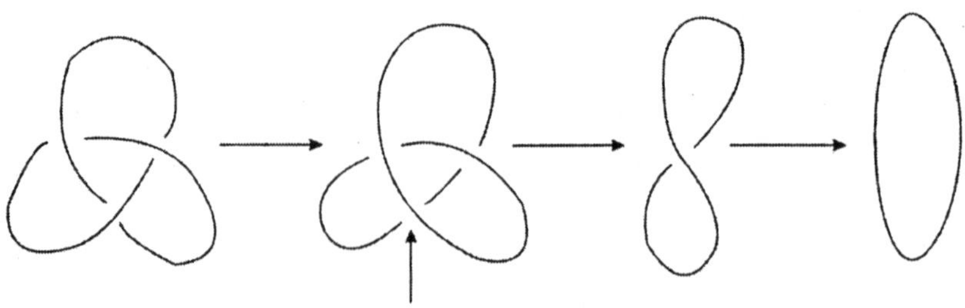

Fig. 6

No outro extremo, o erro atinge o nó borromeano, que deixa de sê-lo por um duplo erro em um dos elos, suficiente para soltar o conjunto, inscrevendo uma outra forma de "confusão mental", deixando desta vez intactas, mas dissociadas, as três consistências (fig. 7).

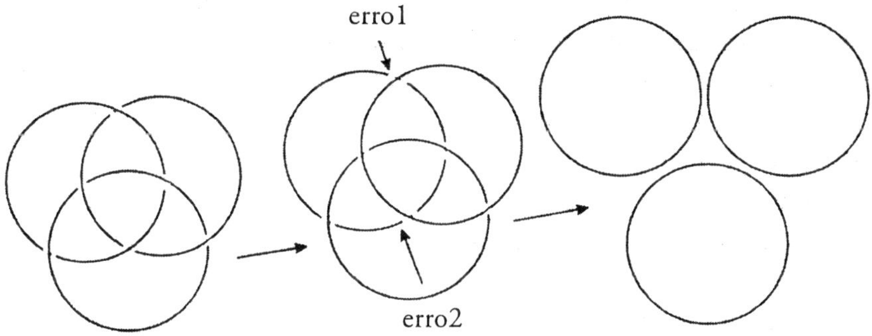

Fig. 7

A partir do mesmo modelo, um erro dos dois apenas manteria certamente uma nodulação, mas que não seria mais borromeana, ficando os elos 2 e 3 entrelaçados a dois, de modo que, se a ruptura de um destes dois provocasse a mesma desnodulação que, acima, a ruptura do elo 1, eles ficariam ligados entre si. Sem dúvida diversas formas neuróticas poderiam assim se escrever, segundo os elos 1, 2 e 3 sejam nomeados real, simbólico e imaginário de acordo com as três permutações possíveis (fig. 8).

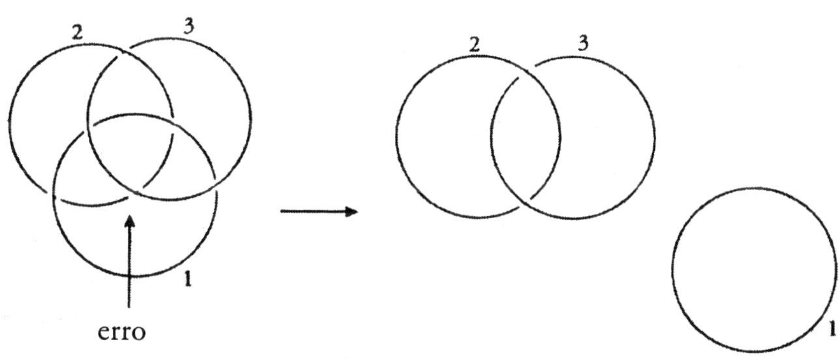

Fig. 8

Para o uso que dela será feito, no capítulo seguinte[4], proponho uma outra nodulação, constituída de fato por dois elos, um dois quais sofrendo uma torção que lhe permitiria descrever dois espaços; nodulação frágil que ameaça a todo momento, por desdobramento, deslizamento e supressão da torção, desfazer-se e produzir um terceiro tipo de confusão (fig. 9).

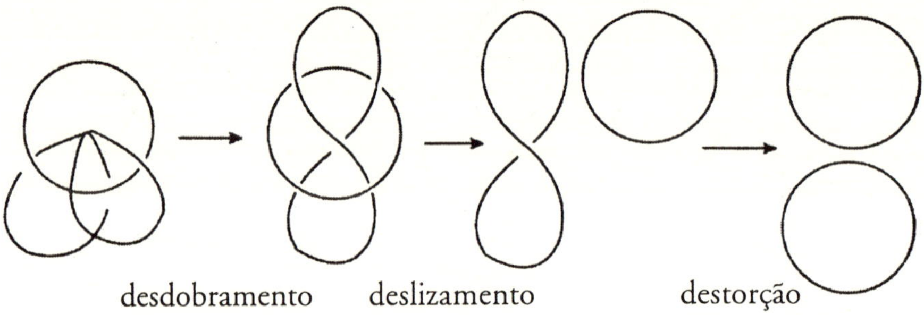

Fig. 9

Do sinthoma

Com exceção da nodulação 8, que descreveria neuroses normalizadas – talvez aquelas da "babaquice" que Lacan pôde evocar, traduzindo essas "pessoas que não valem nada" que Freud evocava em 1905[5] –, as nodulações 6, 7 e 9, neste instante muito instáveis, já que ameaçando desfazerem-se em um, três ou dois elos separados, permitem compreender a inflação do diagnóstico de estado limite como descrevendo falhas contíguas a estruturas ideais: a nodulação 6 no limite da psicose e a 7 no limite da neurose (deixo, como disse, a 9 em reserva). Mas esse estado – logo voltarei a este conceito – dessa forma é muito instável para que se eleve o descritivo ao nível de estrutural; para chegar a isso, é preciso um quarto elo que tenha função de reparação, ou melhor, de bricolagem, quer dizer, função de consolidar esta estrutura fracassada. Podemos assim completar as figuras 6 e 7 (fig. 10).

---

[4] Eu poderia apelar à nodulação estudada por H. Frignet, "Pour un traitement nodal des psychoses", in *Le Discours psychanalytique*, n ° 11, 1994, mas, da mesma forma que ele, eu a considero mais adequada para descrever certas psicoses.

[5] S. Freud, "De la psychothérapie", in *La Technique psychanalytique*, PUF, Paris, 1953.

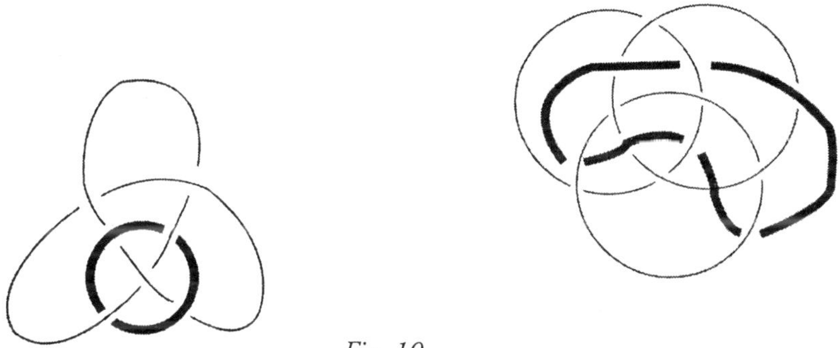

Fig. 10

O sinthoma, construído necessariamente como segundo em relação à escrita da estrutura clínica em seu estado primeiro, mantém um semblante de nodulação, permitindo, no caso da nodulação 6, uma solução parapsicótica e, na nodulação 7, assegurando a função do anel desfalecente, uma solução paraneurótica. Se este quarto elo pode assim escrever-se no nó borromeano, é então de modo supérfluo, de tal forma que sua supressão não afeta a estrutura, enquanto que, neste caso, ele é necessário para evitar sua decomposição.

É importante que seja no caso de Joyce, no qual é uma carência do pai que produz um fracasso de nodulação borromeana, que Lacan se apóie para conceber o sinthoma, numa função equivalente à da operação do nome-do-pai, ao contrário do sintoma considerado como uma formação de compromisso. O que ocupa lugar de sinthoma para Joyce pode ao mesmo tempo escrever-se no nó trevo falhado, como a escrita, e no nó a três falhado, por suposição, como o ego (fig. 11), associado ao *Lust-Ich* (eu-prazer) de tal modo "que não há relação do interior com o exterior".

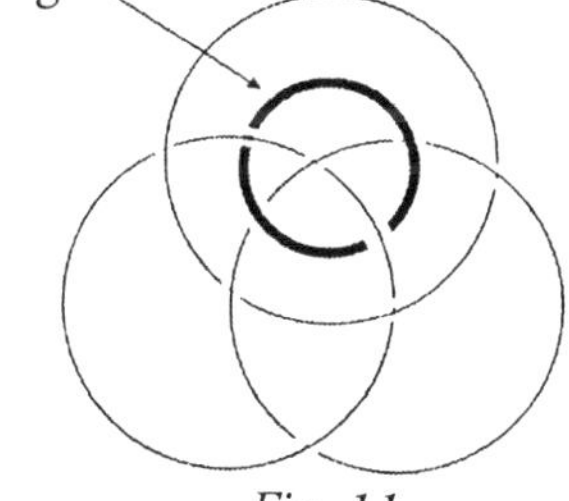

Fig. 11

Assim, Joyce, que escapa à psicose e não é, como Lacan demonstra, um verdadeiro perverso, seria, como o *Homem dos lobos* para Freud, o caso limite de Lacan. Este estado, não-psicótico, não-neurótico, não-perverso, é essencialmente dinâmico, estando o quarto elo em construção permanente, em lugar, até mesmo contra os sintomas, compromisso entre a estrutura e os conflitos, ao passo que, ali, o conflito não ocorreu ainda. Ou seja, o sinthoma seguiria a via das clivagens (do sujeito, do objeto, do eu e do Outro) onde os sintomas seguiam a via dos conflitos.

É o que se percebe na clínica por diversos fenômenos específicos. Em primeiro lugar, é o conjunto da conduta que é determinado pela construção do sinthoma e não sintomas que apareceriam como a mais, ou à margem em relação à conduta ordinária. É por isso que se pode, como Bergeret, encontrar uma mesma lógica entre os estados limites e as neuroses de caráter, até mesmo as "patologias caracteriais". Em segundo lugar, estes sujeitos se distinguem dos psicóticos porque podem utilizar, concretizar nesta invenção do sinthoma clivagens que, no psicótico, só indiciam seu desabamento. Em terceiro lugar, é bem num recobrimento, numa dobra do real sobre a realidade que se insere um semblante de simbólico, o que, por exemplo, na clínica, será marcado por uma traumatofilia sobre a qual voltarei no capítulo 11.

A questão que persiste – para nos permitir distinguir estados limites no sentido fraco de fracasso da neurose e da psicose e de reparação sinthomática e estados limites no sentido forte, em que a nodulação (do tipo da fig. 9) seria específica – é a da dinâmica de construção do sinthoma, para a qual é necessário definir um conceito de estado, acentuando a idéia de sua instabilidade possível.

Do estado

Seriam possíveis muitas acepções para o conceito de estado na fórmula estado limite; a mais simples consistiria em considerar que se trata de uma forma que a estrutura pode tomar, considerada sincronicamente, o que, é certo, leva em conta a variabilidade das expressões possíveis – potencialmente infinita, porque a cada vez singular – de um certo modo de estar no mundo, estruturalmente enumerável, num quadro, pelo menor número possível de organizações gerais. Mas, no capítulo 10, distinguiremos estas formas ou expressões e os estados do sinthoma.

Prefiro privilegiar a idéia segundo a qual a construção do sinthoma é uma operação que, enquanto tal, supõe um certo número de "etapas" que caracterizam outros tantos estados do aparelho psíquico. Utilizarei, portanto, desta vez, um modelo lógico, produzido para definir um certo tipo de calculabilidade em matemática: a máquina de Turing[6], fundador da inteligência artificial, mas aqui estou me referindo a um descoberta anterior de Turing, já que ela data de 1936-37[7].

Trivialmente, esta máquina é uma máquina ideal que não comete nenhum erro e dispõe de uma memória potencialmente infinita. Sem limite superior, ela pode estocar ao mesmo tempo o enunciado das questões, seus próprios rascunhos durante a pesquisa e as respostas às questões; diferente de uma regra de cálculo construída como uma escala, ela mostra ao mesmo tempo o que faz e o que fez. À máquina é associada uma fita infinita em um sentido.

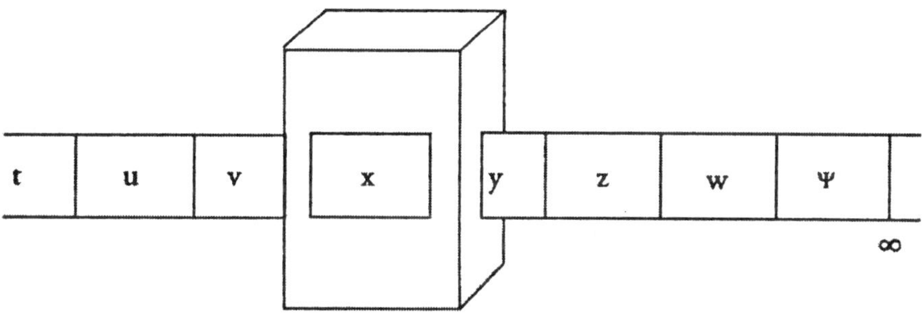

Fig. 12

Esta máquina, máquina de pensar, que antecipa a máquina inteligente que mais tarde Turing vai interrogar, serve para definir um novo conceito de calculabilidade, segundo uma operação de decomposição de mo-

[6] "L'intelligence de l'analyste", em *Document d'habilitation*, tomo III, 1993.

[7] Eu a apresento sob a forma utilizada por Kleene S. C., in *Logique mathématique*, Armand Colin, Paris, 1971, ao qual remeto pela clareza e pela simplicidade de sua apresentação da lógica contemporânea.

mentos, ditos "estados" da máquina: uma operação é dita T. calculável se uma máquina de Turing puder ser construída para efetuar esta operação; e Kleene, na obra de divulgação citada, retomará sob esta forma toda uma série de teoremas, inclusive os de Gödel.

Neste modelo, o que me interessa é que, de potência infinita e face a uma infinidade de escritas possíveis na fita, esta máquina admite apenas um número fixo de estados possíveis. Cito Kleene: "Num instante qualquer, a máquina estará num destes k + 1 estados, que chamaremos de 0; 1; 2; ...; k. O estado 0 será dito estado passivo ou estado de repouso; os outros são ditos ativos. Uma fita linear dividida em casas passa pela máquina [...]. Cada casa é ocupada pelo branco S_0 ou por um símbolo de uma lista finita de símbolos S_1, S_2, ..., S_i [...]. A máquina, entre um instante e o instante consecutivo, efetua um ato que consiste em uma série de três operações (a), (b), (c), cada uma destas operações provindo de sua categoria respectiva: (a) imprimir um dos símbolos [...], ou apagar a casa observada [...], ou apagar e imprimir [...]; (b) deslocar a fita de maneira a que no instante seguinte a máquina observe a casa situada imediatamente à direita da casa observada (em síntese, deslocar a máquina para a esquerda), ou deixar a fita imóvel (em síntese, a máquina continua a observar a mesma casa), ou ainda deslocar a fita de maneira a que no instante seguinte a máquina observe a casa imediatamente situada à esquerda da casa observada (em síntese, deslocar a máquina para a direita); (c) mudar de estado ou ficar no mesmo estado... Chamamos estado da máquina, considerado através da condição de casa observada num instante dado, a configuração da máquina. Por diferenciação, o estado da máquina, considerado através da especificação da casa observada e da totalidade dos símbolos escritos na fita, será chamado de situação da máquina (ou situação da máquina em relação à fita)". Kleene evoca depois o bloqueio da máquina se ela tem que se deslocar para a esquerda do lado finito da fita, o que exigiria que a fita fosse infinita nos dois sentidos.

Esta máquina não modeliza a totalidade do aparelho psíquico – o que nos remeteria a uma ideologia cognitivista que assimila psiquismo e inteligência artificial –, mas a distância entre um sujeito em "estado" limite e o sujeito neurótico em "situação" limite, se assimilarmos esta máquina ao aparelho psíquico em sua relação com o simbólico escrito na fita, ou melhor, com esta reparação do simbólico, este pseudo-simbólico – muito próximo do simbólico virtual da linha infinita da figura 1 –; o sujeito em estado limite está numa configuração particular instantânea que não integra a temporalidade, quer dizer, a totalidade virtual do simbólico.

Este estado, então, não é redutível a uma simples forma, a um momento que incluiria sua série e sua produção, seu futuro e seu passado, mas a uma descrição, que pode ser finita, de uma operação instantânea sobre o simbólico.

Como conclusão e para avançar na direção do capítulo seguinte, muitas conseqüências decorrem da validade desta modelização: primeiro, uma diferenciação entre várias situações clínicas vizinhas e uma distinção entre estrutura, forma e estado, que retomaremos no capítulo 10; mas, sobretudo, a exigência de colocar a questão da temporalidade numa abordagem estrutural, até mesmo estruturalista, temporalidade que, é certo, deve ser tratada mais logicamente que psicogeneticamente, mas que é a condição tanto do exame da gênese dos estados limites, quanto de sua eventual redução terapêutica.

9. Estrutura e estado limite

O estado limite não determinaria, assim, uma estrutura, mas um estado – provisório ou suspenso, apreendido no instante – de passagem de uma estrutura primeira, neurótica, psicótica, ou outra – a que examinarei aqui –, no qual três espaços ao menos, no melhor dos casos três elos, escrevem o real, o simbólico e o imaginário de um modo frágil, com o risco de uma desnodulação ou de um achatamento, quer dizer, de um estado de confusão, para uma estrutura segunda que exige a construção de um quarto fio (ou segundo para o nó trevo, ou terceiro no nó que escreverei aqui), o do sinthoma. Estado, portanto, em que o sujeito oscila entre confusão, se este fio se desnodula, rigidez, fixação, se este fio se fecha, ou ainda dependência, se este fio é sustentado por duas mãos, duas pinças, não que situam o Outro na origem primeira, mas como reparador segundo.

Vou progredir em três tempos: primeiro propondo um nó de estado limite, que será construído a partir do caso do *Homem dos lobos;* depois escrevendo a vizinhança desta nodulação com aquela que descreveria, se não a neurose fóbica constituída, estruturada, o estado fóbico, da criança em particular; por fim, comparando-o com o que seria nodulação perversa.

O nó do Homem dos lobos

Foi para meu uso que construí este nó e não pretendo que outras modelizações não sejam possíveis nestes casos particularmente ricos. Utilizarei a figura 9 do capítulo 8, em sua apresentação mais clara, logo, sem dobramento de (a) sobre (b) (fig. 1), e nela inscreverei os elementos da história do *Homem dos lobos,* sabendo-se que ele chega a Freud num estado próximo da confusão, no qual a desnodulação está em jogo.

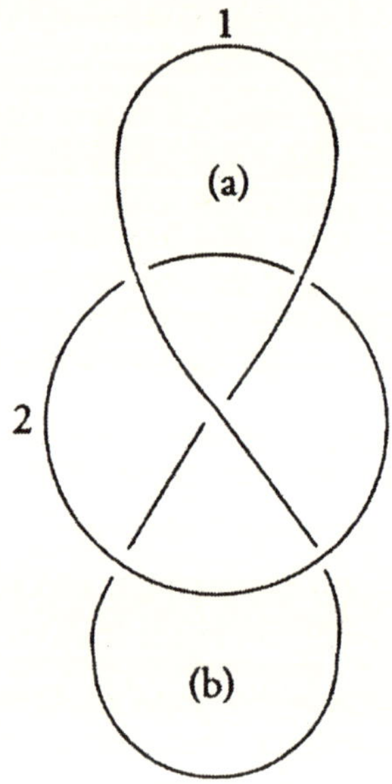

Fig. 13

Designarei o elo 2 como elo do simbólico, decerto constituído, fechado, mas facilmente liberado. Deste simbólico, podemos dizer que está muito mais próximo em sua matéria do que constitui seu real, a letra, considerada então como real do simbólico. Letras de seu nome, nas iniciais SP que encontraremos em *Wespe,* que lhes associa o W das asas de borboleta, segundo a interpretação de Freud.

Quanto aos dois elos, 1 e 13, para designá-los, vou apoiar-me no que Lacan evoca no *Seminário XI,* "Os quatro conceitos fundamentais da psicanálise[1]", no capítulo VI, no qual ele cita o *Homem dos lobos,* sobre uma esquize entre olho e olhar, de acordo com a esquize subjetiva que a pulsão

[1] J. Lacan, *Le Séminaire, Livro XI,* Paris, Seuil, 1973.

provoca. Desta forma, o olho, ordenando o real, se entrega nas alucinações – a do dedo cortado por exemplo – e nas visões – a da cena primitiva – do *Homem dos lobos*, ao passo que o olhar – este olhar azul que Michèle Montrelay evocava – é sempre olhar de um outro, lobo paterno ou materno do sonho, por exemplo.

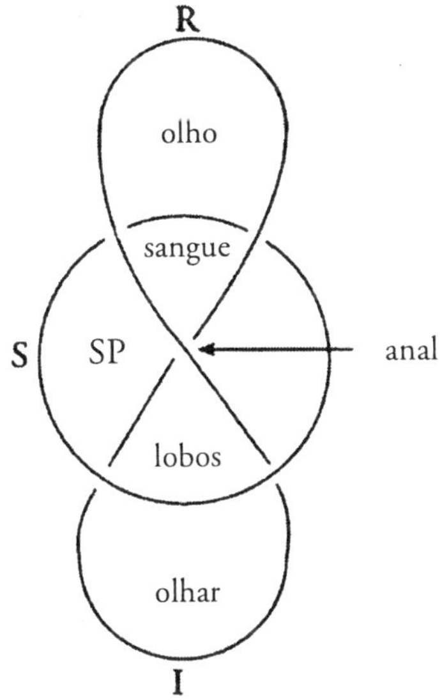

Fig. 14

Deste modo, podem ser designados muitas zonas e pontos. Primeiro, na interseção de I e S, ali onde se inscreve o sentido no nó borromeano, estão os lobos, contados seis ou sete – o que indica sua discreção simbólica –, que fazem o efeito imaginário; na interseção de S e R, ali onde comumente vem o gozo fálico, se indicaria este sangue como signo de uma castração – de acordo com Lacan, aqui foracluída –, que retorna, negativamente, na alucinação do dedo cortado – alucinação negativa, sublinha A. Green –, positivamente, na hemorragia nasal da verruga de Sergueï, assim como de sua mãe; na interseção, que desta vez não há, anulam-se entre si o que faria objeto *a* e gozo do Outro, dando à fixação anal do *Homem dos lobos* um outro alcance que o do obsessivo, do Homem dos ratos por exemplo, confundindo-se a fonte pulsional com o lugar do gozo suposto à mãe no coito *a tergo* e, simbolicamente, o lugar – generalizado, já que o simbólico não pega nada – da origem, de si e do mundo.

O que pode então ser construído como sinthoma seria este fio sustentado por um Outro que encontra sua competência ao manter junta esta frágil nodulação, ao preço de uma dependência de tipo anaclítico. Para o *Homem dos lobos*, proponho considerar o que Freud lhe oferece como a construção deste sinthoma[2], este fio que transforma a sucessão dos relatos – relatos de contos, do sonho, da cena primitiva, de episódios, do dedo cortado, de Grousha, etc – em uma história de sucessão de estados que decerto entrega Sergueï a histórias – história individual de sua biografia, história da Revolução russa e do século XX, história do movimento psicanalítico –, mas que lhe permite avizinhar-se da descompensação, através de múltiplos episódios, sem soçobrar na confusão que lhe era prometida (fig. 15).

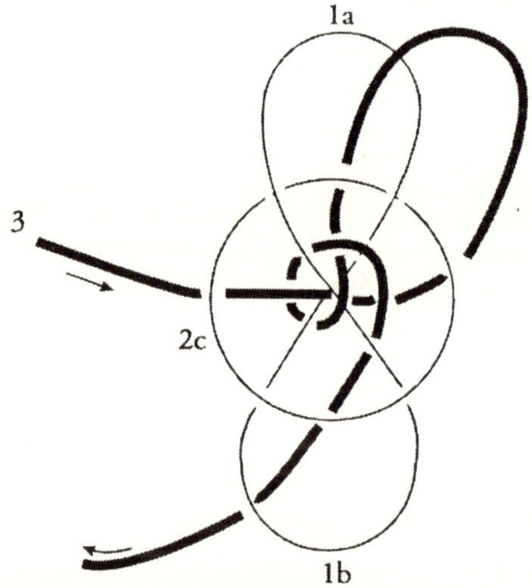

Fig. 15

Este fio é ainda mais difícil de construir uma vez que associa a operação de nodulação necessária, na neurose, para ligar os elos 1 e 2 e a operação necessária à psicose para evitar a destorção do elo 1. Já podemos constatar que, se o elo 1 e o elo 2 estão ligados borromeanamente pelo fio 3, um dos dois elos – vou supor que é o primeiro, do real – pode, sem se liberar, se movimentar ou se rebater segundo uma pulsação bem traduzida pela vida

[2] J.-J. Rassial, "Ce que Freud a réussi", in *Le Trimestre psychanalytique*, 1997, nº 1.

de Sergueï. E só parcialmente utilizarei a dificuldade essencial desta nodulação: o que, segundo as diversas torções possíveis, posto que há muitas, se passa na nodulação central que fixa a torção do elo 1, eventualmente redobrado no retorno do fio 3 (o que não desenhei por preocupação de economia e de lisibilidade). É neste lugar que se pode desenhar, na vizinhança do anal, o lugar do objeto *a*, desta vez acunhado; um objeto que, então, não está inscrito na estrutura, variando com as nodulações deste fio sinthomático.

Este fio é nomeado por mim como "a acena", não "a cena" que nos remeteria a uma solução perversa dada à cena primitiva, que se trataria então de repetir, mas uma cena agora interpretada pelo Édipo, no sentido em que, se Sergueï interpreta o sonho dos lobos pela cena primitiva, Freud interpreta a cena primitiva pelo mito do Édipo. A acena descreve então a sucessão dos estados do *Homem dos lobos* – ou sua polimorfia sinthomática e sintomática –, sucessão sem fim, atada em seu centro pelo nó edipiano que Freud lhe deu, num golpe de genialidade terapêutica, ligando o destino psicogenético e a história filogenética do mundo. Assim, o relato da cura – e o *Homem dos lobos* o realizou – participa da cura mesma, o que lhe dá seu estilo tão particular e inaugura a multiplicidade dos textos sobre e de Sergueï Pankejev. Ou seja, Freud ofereceu ao *Homem dos lobos*, mais que um nome, o mito fundador de sua existência.

O estado limite, o estado fóbico e o estado perverso

Não me escapa que, se esta nodulação tem algum valor, ela poderia também ser aplicada a outras situações clínicas do lado da fobia ou da perversão, o que não deixa de ter efeito em nossa clínica, como procuraremos mostrar no capítulo seguinte.

O termo fobia, preciso na clínica, põe tantos problemas quanto o estado limite quando se aborda a questão estrutural, já que ele descreve ao mesmo tempo uma estrutura neurótica distinta da histeria e da obsessão, um traço sintomático identificável, às vezes com um lugar dominante em outras estruturas, e um momento, infantil ao menos, de constituição do objeto; multiplicidade conceitual que se percebe bem em Freud, que puxa para a fobia o caso do *Homem dos lobos*, assim como o do pequeno Hans, que nos servirá de ilustração. É essencialmente desta fobia do terceiro gênero enquanto estado que falaremos.

Neste momento fóbico, é o real – um real constituído num espaço topológico, não-métrico, não-mensurável nem comparável, não-dominado, como mostra Piaget na criança de estágio sensório-motor[3] – que está em continuidade com um simbólico, orientado, antes que o falo se verifique paterno, por um ponto de fuga indeciso, no sentido da perspectiva[4]. É então o imaginário que nomeia este elo livre, onde se inscreve o falo, absoluto, do pai imaginário; um imaginário transbordante, porque nem limitado pelo real, nem cativo do simbólico. Assim, o objeto – ainda mais próximo da Coisa, porque o falo não reduz seu real – e o significante – certo que presente, mas ainda não ordenado pelo nome-do-pai – podem se escrever no centro, ao lado deste ponto de cruzamento, onde cada atrito de um fio no outro, fazendo ao mesmo tempo se reencontrarem e se separarem o objeto, o significante e o falo, sem síntese possível, provoca a angústia.

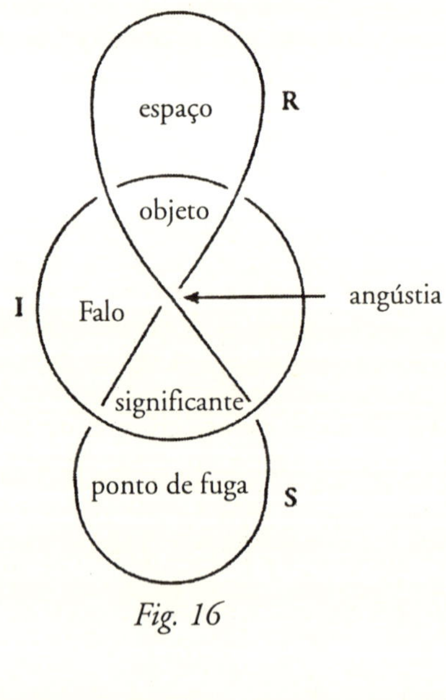

Fig. 16

[3] J. Piaget e B. Inhelder, *La Représentation de l'espace chez l'enfant*, PUF, Paris, 1949.
[4] Remetemos ao seminário de C. Melman, "La Phobie", inédito.

Se um terceiro fio com valor de sinthoma pode ser escrito, é cristalizando a fobia de objeto em fobia de espaço, para designar o que se poderia nomear "o social", ou "a cidade", enquanto espaço geograficamente ordenado; por exemplo, na clínica, pela invenção de itinerários de evitações, pelo ordenamento de lugares íntimos ou públicos. Na criança, é esse momento fóbico – por vezes reativado pelo laço social constituído pela escola – que inaugura a sociabilidade; no pequeno Hans, as turnês de um maestro, cujo lugar privilegiado é o "fosso", são o modo de integração desse fio designado ao mesmo tempo como sinthoma e nome-do-pai, herdeiro de um musicólogo.

Como a fobia, a perversão recobre várias realidades clínicas, o que legitima sua vizinhança, até mesmo a descrição de uma foboperversão, combinando uma certa relação com o objeto, um curto-circuito da cadeia significante e um gozo singular. Sob o termo "perversão" se localiza uma estrutura particular, distinta da neurose e da psicose, um momento constitutivo da sexualidade infantil, dita então polimorfa por não dar prevalência ao genital, um ideal das neuroses que se constitui no seu avesso recalcando a fantasia – sempre perversa em sua constituição –, mas também todo estado do sujeito, neurótico ou psicótico, quando as imposições superegóicas são secundarizadas pelo eu em proveito de uma realização, certo que parcial, mas imediata, do gozo Outro. O próprio Freud indica o quanto um pouco de perversão é necessário à realização do sujeito, mesmo neurótico. É esse estado que nos interessa aqui.

Nesse caso, são o imaginário e o simbólico que se apresentam como, primeiro, confundidos por uma inconseqüência do estádio do espelho: o olhar e a voz da mãe, mãe ainda primordial, garantem ao sujeito sua alienação ao eu, mas não abrem para a constatação de uma castração desse Outro real, que fica então intacto, suporte de um falo simbólico em continuidade com o falo imaginário, que sustenta os dois. O elo do real então fica livre, pois quando ele se fecha é somente para conter "o sofrimento", sofrimento do eu e sofrimento do Outro, segundo a lógica que liga masoquismo e sadismo, não somente no coração da estrutura perversa, mas também de toda experiência direta de relação com a fantasia em sua origem[5]. Quanto

---

[5] C. Calligaris, *Hypothèse sur le fantasme*, Paris, Seuil, 1984.

ao duplo movimento de desdobramento do elo 1 e de recobrimento de I e S, ele descreve a dinâmica que se instaura entre o falo materno imaginário e sua simbolização fracassada, como fetiche, segundo as diversas variantes possíveis (fetichismo, voyeurismo, homossexualidade), sobre as quais se percebe bem que só caracterizam a estrutura perversa ao serem exclusivas da genitalidade heterossexual.

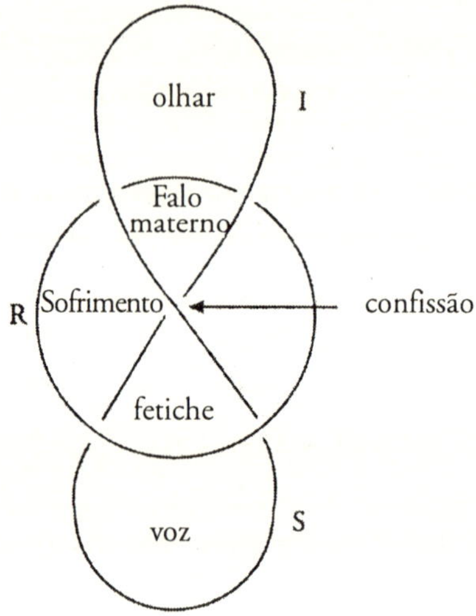

Fig. 17

No ponto de junção entre imaginário e simbólico, ali onde, no nó borromeano, se escreve o sentido, pode ser nomeada uma modalidade particular da fala, sensível tanto no relato do perverso, quanto em determinada ocorrência do discurso neurótico, "a confissão" [*l'aveu*], a ser considerada positivação do "desmentido" [*désaveu*] dado à castração, aqui escolhendo esta tradução mais adequada da *Verleugnung*[6]. Assim ocorre com o que se anima, num casal não mais perverso que o casal em sua essência, quando um ou outro "errou" quanto à genitalidade heterossexual monógama e a dinâmica se enceta em torno de uma confissão que, por este fato, é sempre

[6] T. Reik, *Le Besoin d'avouer*, Payot, Paris, 1954, ainda que Reik faça a confissão avizinhar-se mais da *Verneinung*. Lembro esta questão em "L'oui de l'analyste", in *Cliniques méditerranéennes*, nº 43-44, Érès, Toulouse, 1994.

a de uma perversão; ou, ainda, em muitas curas analíticas, com o que se formula, no estilo da confissão, e que conta menos pelo segredo revelado, freqüentemente derrisório, que pelo tom dado ao diálogo analítico, se o analista não está atento a isso; e, seguramente, na formulação, pelo perverso desta vez, do que ele libera da parte agida de sua fantasia; ou, para evocar o uso da perversão no social, a legitimação da tortura, do sofrimento do outro, pelo objetivo de "fazer confessar".

O terceiro fio que sustenta lugar de sinthoma é, desta vez, a "cena", mas a ser considerada como "roteiro", teça-se ele na vida, ou no relato, ou ainda, quando há essa possibilidade, na cura analítica, atando solidamente o real a esta continuidade imaginária e simbólica por uma operação, sendo a mais característica a escrita, em que se reúnem – sem prejulgar sobre a verdadeira estrutura clínica – Sade, Bataille ou, mais claramente ainda, Klossowski.

Se esta modelização tem algum valor, podemos conceber a proximidade clínica entre o estado limite, o estado fóbico e o estado perverso, que tentaremos expor, psicopatologicamente, no próximo capítulo. Mas também limite, fobia e perversão, enquanto estados, estados possíveis do sujeito moderno, estados de constituição do sinthoma, na medida em que este ocupa igualmente lugar de nome-do-pai, ali onde o estado declinante da função paterna o faz desfalecer.

Concluirei esta terceira parte com três hipóteses que associam pontos de vista psicogenético e filogenético, essenciais para a seguinte questão: a da mudança.

História individual e história coletiva estão fortemente imbricadas na constituição do sinthoma. Lacan tinha razão em insistir na idéia de uma forma, definitiva, generalizada do sinthoma na relação do neurótico com o Outro sexo: "Há um sinthoma-ele, há um sinthoma-ela". De modo mais geral – e precisamente nestes casos limites –, a construção do sinthoma segue as pegadas do que se pode designar como uma psicogênese do Outro, segundo o desfiar das encarnações imaginárias deste Outro, que não tem validade a não ser simbólica, na medida em que o Outro real é mais ou menos bem barrado. Em outros termos, é sobre o supereu e o ideal-do-eu, em termos tópicos, que deve se debruçar uma clínica do estado limite; com efeito, supereu e ideal-do-eu, em sua dialética, põem em relação conflitual

– sendo uma de suas soluções uma eventual clivagem – o interno e o externo, por um lado, o subjetivo e o laço social, por outro. Na construção sinthomática do estado limite, isto não se percebe melhor que em duas respostas, às vezes dadas em alternância: o engajamento psicossomático, eventualmente acompanhado de uma relação hipocondríaca com o Outro, e as condutas psicopáticas, acompanhadas de uma argumentação relativa ao desfalecimento do Outro social.

Depois da constatação da traumatofilia de tais sujeitos, podemos acrescentar que a função do trauma é substituir a fantasia, até mesmo fundá-la. A clinica mostra com clareza, aquém do que Jean Bergeret pode teorizar sobre isso, que o relato que este sujeito em estado limite pode fazer de sua vida é o de uma sucessão de traumas não-elaborados, quer dizer, que insistem como golpes do real no imaginário por não serem reduzidos a evento simbolizável; assim, esse sujeito continua, durante um longo período, esse esforço para se sentir real, contra uma ameaça persistente de desfalecimento duplo, do Outro e narcísico, de acordo com o mesmo esforço que Winnicott descreve como o do adolescente. Tanto a história coletiva quanto a história individual são vividas de um modo insensato e desorientado, sucessão de experiências traumatizantes em que o absurdo é o único remédio para o hábito, uma vida que é verdadeiramente, a partir daí, uma "história plena de ruído e de furor, contada por um idiota" (Shakespeare).

Enfim, destino do sujeito moderno, do qual o sujeito em estado limite seria exemplar, ele está retesado entre o esquecimento do ser (sua foraclusão), confrontado com a fragilidade do Outro, desfalecente se não inexistente, e a incerteza do ente (afetado por recalques), votado a partir disto à morte, conseqüência inclusa em sua derrelição, e encarna este *Dasein* cru da "realidade humana" (para usar a tradução em desuso de H. Corbin), oscilando entre a inquietude e a tagarelice, sem outro projeto que esperar sua exclusão e a assistência de um Outro que enfim o socorra. Pensar o estado limite é da clinica chegar a uma questão ética, mas também política, como esta, que substitui os abismos dos por quês: o que pode mudar?

Quarta parte

O que pode mudar?

Privilegiar a idéia de um estado, antes que a de uma estrutura, para estudar os estados limites acentua e exige uma reflexão sobre a temporalidade.

Esse estado está associado a momentos de constituição do sinthoma, assimiláveis aos momentos de constituição do sujeito, aquém e além da estrutura clínica e sobretudo de sua expressão sintomática ou mórbida. Que estatuto dar e como escrever esses estados numa classificação psicopatológica que, em sua vertente psiquiátrica, põe o acento nos modos de expressão e, em sua vertente psicanalítica, na estrutura? Isto será objeto do capítulo 10, no qual será rapidamente esboçada a tela de fundo de uma outra psicopatologia.

Deduz-se, desta concepção do estado, uma necessária abordagem psicogenética que, decerto, coloca alguns problemas epistemológicos e deve, portanto, para não se deixar reduzir à psicologia – e precisamente à psicologia do eu –, ser conceitualizada de um modo compatível com uma abordagem estrutural. Uma outra solução que aquela, elegante, de Jean Bergeret será proposta no capítulo 11, no qual voltarei a minhas teorias anteriores no que se refere à operação adolescente.

Se este estado é, por definição, instável e suscetível de uma mudança, ele deve ser dialetizado com a cura psicanalítica, por um lado para considerar como a cura pode ter como efeito induzir um tal estado, que nos parece melhor descrever certas passagens de risco do que a idéia de um momento hipomaníaco, proposta por Ballint, depressivo, por Lacan, ou psicótico, por Roustang; por outro, para abordar as condições da cura – alguns falariam de variantes da cura-tipo –, do enquadre à interpretação, permitindo uma mudança, quer dizer, uma saída desse estado. Este será o objeto do capítulo 12.

Mas, já, esta pergunta "O que pode mudar?", que deve ser acrescentada ou substituir a de Kant, "O que posso esperar?", é também a de todo sujeito, de todo sujeito moderno, insistamos; ainda mais quando os modelos filosóficos da mudança, com o esgotamento do marxismo, fazem falta ou mostram seus limites. Dupla questão: o que é passível de mudança? Quais são os motores possíveis de uma mudança? Para a primeira pergunta, já sugerimos uma resposta: o que pode mudar é o estado do sinthoma e não a estrutura enquanto tal e esta mudança não é secundária, ou puramente imaginária: ela se refere à própria subjetividade. Dos motores de mudança, privilegiarei aqui três:

O ato, no sentido da ação de um agente exterior, mais ou menos interiorizado, por exemplo, os educadores, parentais ou não, ou ainda o mestre, no duplo sentido de fundador do laço social em seu jogo, dialetizado por Hegel, com o escravo e de detentor de um saber que ele não possui a não ser sob a condição de transmiti-lo ao discípulo; mas também o psicanalista, em nome do ato de interpretação, mesmo que o psicótico a ele se oponha transformando-o em injunção, que a histérica e o obsessivo a ele resistam nos modos respectivos de hipersubjetivação e de isolação, que o perverso o desvie integrando-o a seu roteiro.

O acontecimento, intervenção da História, do real social, como a guerra, por exemplo, do real corporal, como a doença, tanto mais quando, por razões epidemiológicas ou endêmicas, ela já constitui uma realidade social (a aids, por exemplo). Ou seja, excetuando-se os trabalhos de Jean Laplanche, já antigos, ou os de Philippe Lévy, inéditos, ou alguns outros, falta uma teoria nova do traumatismo que integre um estudo das condições efetivas, objetivas e subjetivas, que, ao mesmo tempo, transformam um acontecimento em traumatismo e distinguem traumas estruturantes e desestruturantes. A atualidade, exposta pela mídia, do caráter supostamente traumatizante do surgimento da sexualidade do adulto para a criança talvez puxe a pesquisa para esta direção.

Por fim, na vizinhança do ato e do acontecimento, o encontro, ou melhor, a Tiquê, reatualizada do grego e de Aristóteles por Lacan para designar o acaso do real que ultrapassa o automatismo da repetição[1]. Assim ocorre, por excelência, com o encontro amoroso, na medida em que ele produziria um estado limite atingindo o narcisismo, interrogando o nome-do-pai e a totalidade da construção subjetiva, já que nomeando o sinthoma, sinthoma-ele ou sinthoma-ela. Sabemos que o psicótico, até a eventual catástrofe, pode a ele responder com o engajamento passional assolador, sofrendo e fazendo sofrer o outro pela atualização do *pathos* da relação com o grande Outro; que o perverso se acomoda a ele instrumentando o parceiro, objeto fetichizado ao olhar de um Outro incastrável e materno; que o neurótico tem êxito, em geral, em esquivar-se dele, reduzindo o efeito, no limite, do encontro e do dito "amor à primeira vista", evitando suas conseqüências em proveito de um *conjugo* fraterno, que inclui ciúme, cumplicidade e submissão a uma suposta ordem do mundo. Na experiência do encontro amoroso, mesmo que seja o experimental na neurose de transferência de dupla entrada que a cura analítica produz, todos podem descobrir, antes de a ele resistir, sua vizinhança com o estado limite.

São possíveis um ato, um acontecimento, um encontro que não sejam nem manipulação, nem catástrofe, nem semblante? Questão subjacente ao que desenvolvo.

[1] J. Lacan, *Le Séminaire, Livro XI*, "Les quatre concepts fondamentaux de la psychanalyse", Seuil, Paris, 1973.

10. Momentos de loucura

O diagnóstico de estado limite abala toda ordenação de uma classificação psicopatológica guiada ao mesmo tempo por avanços teóricos e por fenômenos de moda, o que inclui este modelo tão inocente quanto ideologicamente determinado e contrário a todas as tradições precedentes que são os D.S.M. e sua timidez diagnóstica. Mais ainda que outros diagnósticos, o de estado limite questiona a idéia de uma unidade da psicopatologia que reuniria psicanalistas, psiquiatras e psicólogos.

Com efeito, o uso da psicopatologia, logo, do diagnóstico, difere a tal ponto entre os clínicos que as psicopatologias não têm mesmo objeto, nem mesmo método, nem mesma lógica e seus conceitos, ainda que usando as mesmas palavras, não se superpõem. Ao invés dessa polêmica permanente, que contesta num campo o diagnóstico feito num outro, por exemplo o de psicose, não convém constatar que o conceito de psicose, em psicanálise, em psiquiatria, até mesmo em psicologia, nomeia organizações diferentes que certamente podem se recobrir, mas, em última instância, diferir? Assim, o diagnóstico de psicose histérica relata uma realidade, observável, portanto, pelo olhar do psiquiatra, mas não corresponde a nenhuma lógica estrutural, que, esta, separa radicalmente neurose, portanto histeria, e psicose. Alguns perceberam isto, particularmente do lado dos psicólogos projetivistas – tais como F. Minkowska, a propósito do Rorschach, ou Szondi, para seu teste –, que construíram uma psicopatologia que podemos dizer restrita à ferramenta de avaliação.

Longe de construir, então, uma psicopatologia completa, proponho, neste capítulo, seguir estas diversas psicopatologias em suas diferenças, para tentar escrever, numa quarta coluna (ver quadro à página 140), o que seria o estado, ou melhor, a partir daí, os estados limites. Que se leia então este quadro, com seus pontos de suspensão, como um argumento para uma nova clínica, simplesmente.

Estrutura, forma, emergência

A primeira questão do psicanalista é a da estrutura clínica, definida pela combinatória particular de um certo número de elementos: os significantes S, distinguidos entre os significantes-mestres S_1 e as cadeias significantes S_2 que constituem o saber, em sua maior parte inconsciente, os objetos notados (*a*), já que seu estatuto de perdição é o que lhes dá valor inconsciente, a qualidade do Outro, simbólico em sua essência, nas pegadas de um Outro real desaparecido e encarnado em figuras imaginárias, o sujeito, produto do significante, na medida em que é barrado no lugar do desejo inconsciente, notado $. Combinatória que dá um certo número de fórmulas possíveis, que articulam, por exemplo, o sujeito à demanda suposta do Outro, mas sendo a principal fórmula a da fantasia, que associa formalmente um sujeito, um objeto e uma operação qualquer que os liga, ou seja, $ ◊ a. Seguramente, Lacan não revela, escrevendo-a em sua álgebra, senão uma combinatória já presente em Freud, combinatória que encontraremos, sob uma outra forma, menos matematizada, em muitos analistas não-lacanianos que teorizam de outra maneira a língua e a letra. No reverso da fantasia, esta combinatória permite igualmente descrever, enunciando-a, tal ou qual fórmula da transferência. De certo modo, a referência desta combinatória e a enumeração finita de certo número de estruturas principais (psicose, neurose, perversão) e secundárias, no interior destas três combinações, são suficientes ao analista para seu trabalho: avaliar a validade de uma indicação de análise, formular, em termos adequados a cada estrutura, a regra fundamental, ou dispensar-se disto, antecipar a respeito da direção da cura, avaliar suas interpretações, etc, quer dizer, ordenar sua prática para o singular de cada cura. Esta organização psicopatológica não é rígida e diversas questões se colocam: pode-se reduzir a perversão ao fetichismo, a fobia às neuroses, a melancolia à psicose[1]? Sobretudo, o tipo de negação específico de cada estrutura (*Verwerfung, Verleugnung, Verdrangung*) não é de fato compartilhado por todas e caracterizado apenas por aquilo sobre o que age? Mas, diríamos, esta classificação simples é suficiente para o psicanalista.

[1] Sobre estas reflexões, remeto, entre outros, a C. Melman, seminário sobre "A fobia", já citado, e a M.-C. Lambotte, *O discurso melancólico*, op. cit..

ESTADOS DOS SINTOMAS Real	ESTRUTURAS CLÍNICAS PSICANÁLISE Simbólico $, S, A, a / combinatória	FORMAS E EXPRESSÃO PSIQUIATRIA Imaginário Observação / semiologia	EMERGÊNCIA E REALIZAÇÃO PSICOLOGIA Realidade Dinâmica / psicogênese
OPERAÇÃO NDP1 AUTISMO — PSICOSE / NEUROSE ORALIDADE	ESQUIZOFRENIA PARANÓIA MELANCOLIA VERWERFUNG (PSICOSE)	EXPRESSÃO DEFICITÁRIA ALUCINAÇÕES VISUAIS DESPEDAÇAMENTO ALUCINAÇÕES AUDITIVAS DELÍRIO ALUCINAÇÕES NEGATIVAS MANIA DEPRESSÃO HIPOCONDRIA ETC.	MOMENTOS PRECOCE INFANTIL EDIPIANO ADOLESCÊNCIA MATURIDADE SENESCÊNCIA
OPERAÇÃO NDP2 FOBIA — PERVERSÃO / NEUROSE ÉDIPO	PERVERSÃO FOBIA 1 VERLEUGNUNG (PERVERSÕES)	HOMOSSEXUALIDADE VOYEURISMO / EXIBICIONISMO SADISMO MASOQUISMO ETC. ANGÚSTIA DE OBJETO FOBIAS DE ESPAÇO NOSOFOBIA ETC.	PERÍODO CRONICIDADE AGUDO / CLÁSTICO CÍCLICO "BRANCO"
OPERAÇÃO NDP3 ESTADOS LIMITES 1 — PSICOSE / NEUROSE / PERVERSÃO (OPERAÇÃO ADOLESCENTE)	FOBIA 2 HISTERIA OBSESSÃO VERDRANGUNG (NEUROSE)	CONVERSÕES TEATRALIZAÇÃO ETC. RITUALIZAÇÃO INTELECTUALIZAÇÃO OBRIGAÇÃO ETC.	HISTÓRIA REACIONAL CONSTITUCIONAL TRAUMATISMO DEFESA
OPERAÇÃO NDP (N + 1) ESTADOS LIMITES 2 ATO ACONTECIMENTO ENCONTRO		PSICOPATIA ADIÇÕES SOMATIZAÇÃO EXPRESSÃO NORMAL ETC.	ETC.

A segunda abordagem da psicopatologia, primeira para a psiquiatria, é a das formas ou das expressões que mantêm, com a estrutura, a mesma relação complexa que o imaginário com o simbólico, no sentido em que não somente a estrutura induz um número de expressões possíveis, mas ainda em que certas formas podem influir na estrutura. Esta série de expressões é, então, decerto enumerável, mas não finita, posto que se enriquece com a observação clínica e permanece – deveria permanecer – em elaboração permanente. Se, de certo modo, cada estrutura se apropria da via de uma expressão privilegiada, todos os remanejamentos são também possíveis; assim acontece com a polimorfia da histeria, mas também com o que está em jogo nas psicoses, aqui seguramente no plural. Se a alucinação visual e o despedaçamento do corpo são as expressões mais próximas da esquizofrenia, enquanto que delírio e alucinação auditiva pareceriam caracterizar a paranóia, existe o cruzamento, de um ponto de vista psiquiátrico, cruzamento que toma o nome, então, de parafrenia (o termo esquizonóia tendo, infelizmente talvez, caído em desuso). Igualmente, há outras depressões que a da melancolia, que só constitui seu paradigma. Neste sentido, por um lado, ruiu a idéia, no campo da psicopatologia, de uma patognomonia; por outro, certas expressões patológicas se caracterizam justamente por não estarem estreitamente associadas a uma estrutura: ocorre assim, em particular, com psicopatias, com adições e psicossomatizações. Enfim, nada impede escrever nesta série – e não na precedente – o que seria uma expressão normal (Lacan escreveria norma-macho*) para cada estrutura, ainda que ela se apresente sob o modo da superadaptação, ao avesso da expressão deficitária, esta também expressão possível de várias estruturas.

Enfim, nas psicopatologias, podemos distinguir a que seria produzida pela psicologia clínica, no sentido de D. Lagache, que privilegia a abordagem dinâmica dos conflitos inter e intrapsíquicos e o ponto de vista psicogenético, sendo sua questão central a da emergência, isto é, da realização, no sentido da realidade, de uma estrutura e de sua expressão. Não é em qualquer momento que uma estrutura se exprime, o que não deixa de ter conseqüência na forma mórbida: os efeitos de rigidez, de fixação, o tipo e o

* Em francês, *norme-mâle*, num jogo de palavras com *normale* (normal). (NT)

nível de prejuízo produzido, "a educabilidade" possível, os prognósticos e as indicações. Assim, o momento em que a psicose se exprime, segundo diversos fatores – história individual, encontros, acontecimentos da realidade –, influi ao mesmo tempo no modo de expressão privilegiado e na importância dos efeitos sociais; as psicoses da criança não têm o mesmo resultado que as psicoses do adulto. Neste aspecto, não somente a quantidade de informações é ilimitada, mas também o número de séries de traços é função das ferramentas desta psicologia "armada", para além da anamnese.

Estas três colunas, as da psicanálise estrutural, da psiquiatria fenomenológica (no sentido trivial do termo), da psicologia dinâmica, são suficientes para escrever o estado limite? É certo que, se a psicanálise o exclui das estruturas que ela descreve, a psiquiatria nele encontra traços que, separadamente, participam de outras patologias e a psicologia, projetiva por excelência, usou este diagnóstico para dar um sentido a certos elementos (por exemplo, os procedimentos C no TAT)[2]; mas, se se concede um primado ao que agencia a psicanálise na psicopatologia, a não ser que se reduza o estado limite a uma das três estruturas (o que, em geral, os lacanianos fazem), que se insira uma quarta grande estrutura, destinada a nomear-se a-estrutura (posição de J. Bergeret, parece), ou que se substitua a perversão pelo estado limite em seu lugar central (proposta, definitivamente, de A. Green), é preciso inventar uma quarta coluna.

Os estados do sinthoma

Determinar uma construção do sinthoma não de um modo independente, mas autônomo quanto à estrutura, já que se trata de pôr o acento numa gênese do real ao simbólico, exige que sejam definidas operações lógicas, associadas a escolhas (no sentido da "escolha da neurose"), e uma clínica dos estados do sinthoma, descrevendo momentos, mais lógicos que cronológicos, de suspensão, de incerteza, até mesmo de pane, transitórios ou persistentes. Se o sinthoma é um dos nomes-do-pai, destas reduções do

[2] V. Shentoub et al., *Manuel d'utilisation du TAT*, Dunod, Paris, 1990.

campo do Outro, tais como o sujeito, poderíamos dizer, nelas se agarra, constituindo-se sob a dependência delas contra sua dependência do Outro, esta construção do sinthoma pode ser considerada como uma série de "operações nome-do-pai". Para o uso de uma teoria dos estados limites, privilegiarei três momentos consecutivos, sem aprofundar outras eventuais conseqüências de uma tal afirmação.

A primeira operação assim designada é a que faz advir, sob um modo primário, na relação com a mãe, a partir do que F. Dolto chama de castração umbilical, um lugar virtual do simbólico, transformação deste Outro real em Outro simbólico, pelo próprio fato da demanda da "Autoridade primordial", assim designada por Freud, uma renúncia à satisfação imediata da pulsão. Esta operação é a do dom do falo, ainda não genitalizado, significante a-semântico de uma pura diferença, ainda não sexual e sexualizante, sob o signo de uma castração que, antes de afetar o Outro e o sujeito, afeta a própria língua em si. É esta operação primária que produz o sujeito, ou antes, o reproduz, inscrevendo o falo no inconsciente, o que se regra de duas formas possíveis: ou pelo recalque originário que constrói e limita um espaço psíquico como sendo inconsciente; ou por uma foraclusão e tentativa de abolição simbólica do falo, que não é simplesmente excluído da cadeia significante virtual, mas deixado como o signo real da mãe, não-cativo do nome-do-pai. A escolha então é a da neurose ou da psicose, escolha cujo efeito depressivo o sujeito não evita – efeito ligado ao tipo de renúncia por ele efetuada (renúncia ao liame pulsional com a mãe, ou renúncia à ordem simbólica) – a não ser por uma suspensão, um estado de indecisão primário, uma não-escolha mantida, que o autismo infantil encarna, a ser distinguida, deste ponto de vista, como fazem diversos autores, da psicose infantil, que só constitui seu resultado privilegiado[3]. Estamos longe do estado limite, inclusive considerando o que pode manifestar-se, dinamicamente, de um autismo secundário no sentido de Bleuler, muito distinto do autismo precoce e primário de Kanner, testemunha de uma tentativa do sujeito de voltar – no duplo sentido de uma regressão e de uma negação [*déni*] – à primeira escolha naquela época efetuada.

---

[3] M. C. Laznik-Penot, *Vers la parole. Trois enfants en psychanalyse,* Paris, Denoël, 1995.

A segunda operação é a que dá o sentido edipiano, no qual incesto, assassinato e interditos são ligados ao nome-do-pai ou ao falo. Não é mais o falo – enquanto faria signo do real da mãe para ser simbolizado ou foracluído – que está em jogo, mas o significante fálico, já genitalizado, mesmo que do mesmo lado para os dois sexos, já que a libido é, para a menina e para o menino, masculina, significante apto, então, a orientar não só o sujeito, mas os objetos animados ou inanimados do mundo exterior. O nome-do-pai tem então uma função distributiva dos lugares na família, assim como dos laços entre seus membros, definindo as funções de enunciação da lei que o supereu deverá interiorizar, como antes o sujeito havia interiorizado a lei da Autoridade primordial. Em nome-do-pai, não mais se trata de renunciar à satisfação imediata da pulsão, mas aos anseios de incesto e de assassinato. A escolha, para o sujeito, é já a da neurose ou da perversão, segundo ele aceite ou recuse submeter-se, segundo um recalque desta vez secundário, à distância entre a fantasia, que organiza seu desejo, e sua realização. O tempo de suspensão, em que objetos e significantes estão desligados ao preço da angústia, em que o nome-do-pai não tem êxito ainda em produzir uma nova relação entre objetos e significantes, assinala-se precisamente por manifestações fóbicas, sejam elas leves ou marcadas por terrores noturnos. Associada a dificuldades na primeira operação, é, não uma regressão, mas uma manutenção parcial desta "ambiência" fóbica que legitima o que J. Bergeret designa como a "pseudolatência" dos estados limites, sujeitos para os quais estes dois momentos foram ultrapassados, mas de um modo que tornará a terceira operação árdua, ou mesmo impossível.

Esta terceira operação n.d.p. – vamos chamá-la de terciária em referência aos processos terciários propostos por A. Green – é a operação pubertária[4], que consiste em dever validar, por vezes invalidar estas duas primeiras operações, quando a operação nome-do-pai e os nomes-do-pai, que são seu produto, deverão funcional para além da metáfora paterna, mais ou menos sustentada no familiar e no social. Esta validação será função ao mesmo tempo da qualidade das duas primeiras operações e das con-

[4] Remeto à última parte de meu livro, *Le Passage adolescent*, op. cit..

dições específicas de sua efetuação, de acordo com dois processos consecutivos ou paralelos, que Philippe Gutton bem denomina de processo pubertário e processo adolescente[5]. Trata-se, para o adolescente – como já longamente expliquei em outro lugar e ao que retornarei no capítulo seguinte –, de refundar, sob o golpe de real da puberdade, o simbólico, como lugar de emergência do sujeito e de validação do Outro, e o imaginário, de acordo com uma imagem do corpo que foi maltratada.

A escolha é, então, de confirmação ou de infirmação da primeira estruturação infantil, em particular edipiana, neurose infantil, psicose infantil, foboperversão, na direção de uma estrutura adulta que ao mesmo tempo integre o corpo e o Outro, enquanto sexuados, ainda que sob a forma privilegiada de uma sexuação do sinthoma (sinthoma-ele ou sinthoma-ela), que suplementa uma sexuação difícil. É precisamente a suspensão desta operação de validação, sob a forma de uma adolescência interminável, que melhor assinala o estado limite, mesmo que, como veremos a seguir, esta pane seja condicionada pelas operações anteriores.

Por fim, podemos evocar toda uma série de operações virtuais exigidas por um ato, um acontecimento, um encontro, que teriam um efeito perturbador, não somente no narcisismo, mas também no nome-do-pai, sua colocação em operação, ou no sinthoma, sempre frágil. Podemos identificar estes momentos no enunciado de uma perda que lhe estaria associada: "perder-se aí", "perder aí suas referências", "perder o fio de sua vida" (fórmula de um paciente), etc. Se o que acontece ao sujeito exige novas respostas, neuróticas, psicóticas ou perversas – novas ainda que se apóiem na estrutura psíquica, pois podem também dela prescindir –, há um certo número de situações em que o sujeito cai efetivamente em pane, num estado que, é certo, pode avizinhar-se do estado de luto, mas que ao mesmo tempo não será resolvido nem no trabalho de luto, nem numa verdadeira melancolia. Assim ocorre, por exemplo, com uma mãe defrontada com o suicídio de sua filha adolescente, ou com um homem de cerca de cinqüenta anos, vítima da crise econômica. Além do caso em que este acontecimento é revelador de uma estrutura psicótica, protegida até aquele momento por

---

[5] P. Gutton, *Le Pubertaire* e *Adolescens*, op. cit..

um sinthoma, é aí que o que tinha sido eficazmente construído na infância e na adolescência mostra "não encaixar o golpe" e revela uma verdadeira "crise de adolescência". Eu já disse que algumas curas podiam levar a este estado, ao invés de resolvê-lo.

11. A pane do sujeito

Se o estado limite é um estado do sinthoma, por um lado, não importando quem possa passar por este momento, de acordo com as circunstâncias de sua vida, por outro, é preciso determinar o que pode provocar uma detenção neste estado, quer seja parcialmente na infância, ou, de modo mais determinante, na adolescência, ou na defrontação com a realidade da existência. É por esse motivo que estenderei a esses estados limites uma noção já proposta para a adolescência, a de "pane".

Sem pretender o rigor anglicista desta tradução, é assim que traduzirei o "*breakdown*" proposto por Winnicott – em particular na expressão, já evocada, "*fear of breakdown*", usualmente traduzida pelo "temor da derrocada" –, empregado por M. Laufer a propósito do adolescente e traduzido, por Philippe Gutton, como "rachadura no desenvolvimento". Sem rigor lingüístico, já que, ainda que a palavra "pane" seja uma das traduções possíveis da palavra inglesa, a palavra francesa não lhe é coextensiva (falha, *trouth,* etc, podendo ser preferível), pois ela carrega um outro sentido, o da navegação – pôr em pane* para seguir sua rota –, que acrescenta uma idéia importante. Mas a idéia de pane, ainda que evoque uma ruptura, ou uma interrupção, se distingue da de uma rachadura definitiva, irreparável, mais

* Em francês, *mettre en panne*, expressão que significa fazer uma manobra com o velame de uma embarcação de forma a equilibrar o efeito do vento, ou seja, eliminar seu efeito propulsor e imobilizar a embarcação. (NT)

presente na palavra breakdown, e me parece interessante para descrever esses estados, de causas múltiplas, totalmente distintos dos momentos autenticamente psicóticos, ainda mais que, na clínica, esse termo está freqüentemente presente na descrição de seu estado por esses sujeitos, assim como, já vimos, no vivido do analista, num momento ou noutro da cura.

Neste capítulo, retomarei as duas séries de panes que me parecem corresponder aos estados limites, propriamente falando, a da adolescência e a dos maus encontros; mas, seguramente, entre as condições de um semelhante estado, estão panes mais precoces, sobre as quais eu diria que não são, sozinhas, determinantes, já que antes dirigirem o sujeito para a psicose, ainda que seja uma psicose branca, quando não são compensadas até a experiência pubertária.

A pane adolescente

A adolescência compreende uma questão egóica – "como mudar continuando o mesmo[1]?" – que pode suscitar um novo recalque ou uma clivagem, mas que implica também uma operação simbólica, ou melhor, simbolígena, a ser efetuada sob o golpe de um real que mexe com o imaginário já constituído. O estado limite, enquanto adolescência prolongada, seria a manutenção desta situação de incerteza, sua cristalização numa pane que tornaria irrealizável a operação adolescente. Sublinhei, em outro lugar, que a adolescência mexia com real, imaginário e simbólico; examinarei isto sucintamente aqui, em relação à clínica dos estados limites.

O golpe de real que a puberdade constitui não é redutível à transformação anatomofisiológica[2]; ele afeta a qualidade dos objetos, particularmente os parentais, e funda uma posição que poderíamos dizer, parafraseando Melanie Klein, posição neodrepressiva, na medida em que as referências simbólicas e as construções imaginárias da infância são, no real, inoperantes quanto a evitar para o sujeito sua derrelição, a decadência dos pais, a inutilidade do mundo exterior. Ou seja, real e realidade, no sentido

---

[1] J.-J. Rassial, *O adolescente e o psicanalista*, op. cit., o caso de Christine.

[2] P. Gutton, *Le Pubertaire*, op. cit..

empregado no capítulo 7, entram em conflito, conflito que pode dar lugar a uma nova elaboração ou a uma clivagem, clivagem tanto do mundo quanto do eu [*moi*].

A imagem do corpo, constituída na infância, é colocada em questão, inclusive em seu estatuto, pela genitalização. O eu deve renunciar, novamente, à bissexuação e à bissexualidade e sabemos como a adolescência pode ser a ocasião de uma homossexualidade provisória, ou, sem passagem ao ato, de uma incerteza sexual, ainda que superficial. No fundamento mesmo do narcisismo, é a questão do olhar e da voz da mãe do estádio do espelho que, no só-depois, é colocada, favorecendo, tanto nos meninos quanto nas meninas, defesas regressivas contra o novo Édipo que se impõe. Em alguns sujeitos, é sua aparência, de vestimentas, corporal, que assinala a manutenção dessa posição pubertária que a adolescência deve resolver.

O desabamento das encarnações imaginárias do Outro, a desqualificação dos pais para ocupar esta função, a dissociação entre o nome-do-pai e a metáfora paterna, que só o sustenta na família provisoriamente, exigem que a operação primeira de inscrição do nome-do-pai funcione além do que permitia o patronímico para que o sujeito invente para si novos nomes-do-pai; por excelência, nas nossas sociedades, a profissão inscreve-o em um novo lugar e ancora o Outro, de uma forma muito diferente, o Outro sexo de tal modo que o Homem ou a Mulher façam nomes-do-pai para o sexo oposto. Trata-se de uma reconstrução simbólica cuja chave é dada pela teoria do sinthoma – sinthoma-ele e sinthoma-ela, ou a profissão como sinthoma. Esta pode ser a oportunidade de uma constatação de que nome-do-pai sintomático funcionou na infância sem que a operação que o funda tenha verdadeiramente ocorrido, ou de uma precipitação no sentido de tudo o que pode fazer nome-do-pai, neste sentido "per-versão" [*père-version*], de acordo com a fórmula de Lacan, ou ainda de manutenção desta desancoragem do Outro.

A adolescência comporta uma ou várias fases de incerteza narcísica e simbólica, momentos em que o adolescente parece em pane no processo que deve desembocar na operação adolescente de refundação identitária. Durante estes momentos, na vizinhança do estado limite, toda uma patologia pode ser desenvolvida, patologia cujos sinais clínicos são aqueles evocados em nossa segunda parte. O "*breakdown*" é, portanto, um acidente necessário, estruturante, de maior ou menor grau de intensidade, mas que a operação adolescente repara, o que torna difícil o diagnóstico diferencial quanto ao que chamamos crise de adolescência. Para alguns, o recalque antecipa a questão, o que produzirá estes adolescentes sem crise como futuros adultos em crise de maturidade virtual quando seus filhos, que se tornaram adolescentes, despertarem essas incertezas mascaradas; para outros, o efeito da crise é catastrófico, sob o modo do desabamento psicótico; para estes sujeitos em estado limite, a experiência da adolescência não atravessada os deixará em suspenso, reativando as questões depressivas da fase autística – e ansiosa da fase fóbica.

Assim, o que vai prolongar essa pane não é somente o golpe de real que a provocou, ou as dificuldades da reconstrução imaginária, mas a qualidade da operação nome-do-pai, que permite ou não produzir o sinthoma em lugar de nome-do-pai. Retomando nossa função psicogenética dos estados do sinthoma, três tipos de falhas parciais – em outros termos, de foraclusões locais – são possíveis, falhas que inscreveremos no "tronco comum" dos estados limites proposto por Jean Bergeret.

A primeira atinge a inscrição primária, produzindo a manutenção de um setor autístico, ao mesmo tempo preservando a depressão e a esquizofrenia, em suas formas precoces. Deste modo, o nome-do-pai fixaria bem o lugar do Outro, mas de uma maneira que preserva este Outro materno e arcaico, cujo caráter persistente e insistente C. Calligaris[3] mostra. Essa falha será marcada por um autismo secundário, retirada do sujeito na direção de um Outro materno, não incastrável como para o psicótico, mas justamente desfalecente de modo parcial, numa relação de dependência anaclítica.

A segunda falha atinge a segunda inscrição, desta vez edipiana, e produz a manutenção do que se poderia denominar como um setor foboperverso. O objeto conserva sua parte angustiante de não-conhecido, presente e não-simbolizável, sem paralisar o sujeito, como na neurose fóbica, nem se fetichizando, como na perversão, mas empurrando o sujeito para o "ato simbólico[4]", incessantemente repetido, de matar, mas também de fugir do objeto. Dessa forma, o nome-do-pai não funda nem legitima ne-

[3] C. Calligaris, *Hypothèse sur le fantasme*, op. cit..

[4] É assim que Lacan define o ato do psicopata em "Introduction théorique aux fonctions de la psychanalyse en criminologie", in *Écrits*, op. cit..

nhum supereu interiorizável, porque não consegue ser este "consolador", uma das funções que Freud lhe atribui.

É numa terceira falha, adolescente, desta vez, que estas duas primeiras falhas vão ser cristalizadas na impossibilidade de inventar novos nomes-do-pai que estejam dissociados da metáfora paterna, tal como ela pôde ser sustentada e mantida, como um artefato, na família. Isto produzirá essas condutas cíclicas, de tonalidade maníaco-depressiva, tentativas, que sempre fracassam, de entrar num mundo adulto prescrito pelo social, ou de retornar a uma situação de asseguramento infantil; o percurso destes sujeitos, para além do tempo da adolescência, os leva da família a tentativas de laço conjugal e de inserção profissional, depois a uma hospitalização ou uma medicalização que os traz de volta à família para uma nova tentativa fracassada, chegando, às vezes, no contexto atual, a uma desinserção social quando a família de origem não tem meios de suportar essa situação instável.

Individualmente, condições objetivas podem induzir essas falhas: assim ocorre com a distância entre, de um lado, o nome-do-pai apoiado na metáfora paterna na família, com o "discurso do pai" que o acompanha, e, de outro, os nomes-do-pai propostos pelo "discurso do mestre" de um mestre que a ciência, a economia, a técnica tornaram cada vez menos paterno, ao avesso das religiões, e que funda o laço social do qual o adolescente deve participar – de onde a dificuldade, a partir da segunda geração emigrada de um outro contexto cultural. Condições subjetivas também intervêm, de acordo com todas as variedades das histórias individuais, mas nas quais domina a idéia, segundo a bela fórmula de um rapaz, de que "isso – o pai, a família, o social, o saber, etc – não encaixa o golpe e, portanto, isso não vale o golpe"; o golpe, sem dúvida, de uma nova castração, de que o sujeito então se recusa ser o pato, preferindo a errância.

Como Jean Bergeret, insisto mais nas condições coletivas, no declínio da função paterna, indicado por Freud e traduzido por Lacan como declínio dos nomes-do-pai. É isso que faz do sujeito em estado limite o protótipo do sujeito moderno, na medida em que ele só deixou ao pai – sustentação da tradição, isto é, da transmissão – um valor nostálgico, nostalgia de um pai imaginário. O sujeito, agora, defrontado com um pai real desvalorizado no laço social, só o manterá, este pai menosprezado, pelo sacrifício (ao pai imaginário), ao invés de pela dívida (com o pai simbólico).

Neste sentido, podemos associar o aumento dos casos ditos limites, os impasses do sujeito moderno e o mal-estar atual (no sentido de Freud) da juventude.

Os maus encontros

Ao distinguir um segundo tipo de estado limite, provocado pelo que chamo "mau encontro" com referência ao que faz Tiquê, golpe de acaso do real, não ignoro que, em muitos casos, é como conseqüência da operação adolescente, em seus pontos de fragilidade, que estes estados segundos encontram sua condição. Mas, se considerarmos que, particularmente em nossas sociedades, esta operação nunca é completamente exitosa, é preciso ir além na descrição e na tentativa de explicitação das condições de produção de um semelhante estado. Privilegiarei três delas, sem excluir outras: em primeiro lugar, os efeitos paradoxais da cura, em segundo, os traumatismos do adulto e, em terceiro, o encontro amoroso.

Talvez seja a cura analítica – sem evocar "psicoterapias" mais problemáticas ainda – que permita não somente revelar um estado limite do sujeito que inicialmente se apresenta como neurótico, mas que também possa induzir um tal estado. Desde o primeiro capítulo, lembrei estes efeitos possíveis e Lacan, a propósito do "Homem dos miolos frescos" de Kris, nos dá uma das conseqüências de um forçamento interpretativo, o *acting out,* para este paciente, que em outros poderia ter efeitos mais danosos: "Isso quer dizer que, ao abordar a resistência do eu nas defesas do sujeito, ao fazer a seu mundo as perguntas às quais ele mesmo deveria responder, podemos atrair respostas muito incongruentes, cujo valor de realidade, a título de pulsões do sujeito, não é o que se faz reconhecer nos sintomas[5]". O saber do analista, por ser correto, verdadeiro, não tem valor na cura e não evita o efeito intrusivo da interpretação a não ser sob a condição de passar pelos significantes do analisante, não de acordo com um psitacismo desta vez insuficiente, mas submetendo-se aos nomes-do-pai do paciente, permanecendo na lógica que ele nos propõe para permitir uma desmontagem, um desvelamento do impensado de suas premissas, não para impor nossos pró-

[5] J. Lacan, "Réponse au commentaire de Jean Hyppolite", in *Écrits,* op. cit..

prios nomes-do-pai nesse lugar. À falta deste tato, a cura vai alternar entre a sideração, que leva à isolação obsessiva ou ao entusiasmo histérico, e a depressão, ou mesmo a reação terapêutica negativa como resultado maníaco, e, para alguns sujeitos, desencadear uma dupla pane, subjetiva e terapêutica.

Mas, para além deste efeito de um erro do analista, quando ele não quer ser pato dos nomes-do-pai do analisante, é a questão do fim da cura que se coloca: com efeito, se a desmontagem da fantasia, $\$ \lozenge a$, tem como conseqüência a descoberta de que o Outro não tem outra validade senão simbólica e de que suas encarnações imaginárias na transferência são sem valor, $S(\not{A})$, há decerto um efeito lógico e transitório de depressão, no qual se conjugam deposição subjetiva, queda do analista e disjunção entre real e realidade. Ora, só é motivo da análise, ou do analista, permitir a travessia desta verdade. Alguns, que se tornam eles próprios analistas para tentar escapar disto, permanecerão neste estado limite, cuja autenticidade nada nos permite negar, quando não reconstituem possibilidades de novas defesas, que podemos nomear: o humor, como liberdade de brincar com os significantes; o encanto, como liberdade de brincar com a castração; a invenção, como liberdade de brincar com o pensamento e o objeto. Ou seja, se a prática racional da análise só leva ao conhecimento do segundo gênero, no sentido de Spinoza, das determinações, sem que o sujeito venha a se autorizar por ele mesmo (não só como analista) usando o nome-do-pai e dele se servindo, isto é, se este conhecimento das determinações não desemboca na liberdade como conhecimento do terceiro gênero, reflexivo[6], o efeito da cura pode ser catastrófico, manter o sujeito em relação anaclítica com a cura ou deixá-lo nessa alternativa maníaco-depressiva que, por exemplo, se manifesta na relação com as instituições.

Ora, verifica-se, apesar dos esforços de Lacan, que esta passagem, este passe não é atravessável – em todo caso não só – num dispositivo psicanalítico. O que pode ser avaliado é, na vertente do analista, chamemo-lo didata, a aptidão deste para permitir ao analisante terminar sua cura de outra maneira que no veredicto da fantasia. Quantas demandas de "segunda etapa" não vemos – depois de uma verdadeira cura que produziu todos os efeitos

[6] R. Misrahi, *Le Désir et la Réflexion dans la philosophie de Spinoza*, Gordon & Beach, Paris, Londres, Nova York, 1972.

terapêuticos que podiam ser esperados – que são apenas demanda de "desanálise", de saída de um estado produzido pela primeira análise, como estado limite?

As patologias modernas relançaram a questão do traumatismo como causa. Deste modo, para Jean Bergeret, seria um segundo traumatismo, adolescente sobretudo, que viria confirmar o estado limite no tronco comum, no qual outros arranjos são possíveis. A partir disso, se legitima tanto uma nova reflexão sobre as neuroses traumáticas – particularmente as neuroses ditas de guerra, das quais temos diversos casos de uma nova forma, com as guerras civis (Líbano, Iugoslávia, etc) e nas situações de ditadura (Argentina, Brasil, etc), de uma atualidade ainda recente –, mas também, de modo mais geral, na continuação de Jean Laplanche, sobre o conceito de traumatismo em Freud, secundarizado pela hipótese fantasmática na etiologia da histeria e que voltou ao primeiro plano com a segunda tópica. Aqui, não retomarei os debates necessários, mas apenas algumas observações, feitas a partir desses encontros clínicos com esses sujeitos em estado limite.

Nem todo acontecimento é traumático e o mesmo acontecimento não é traumático para todas as pessoas. Para ser traumático, é preciso que o acontecimento, qualquer que seja sua amplitude objetiva, pegue a fantasia – poderíamos dizer pensando na banda de Möebius – pelo avesso, quer dizer, que ele intervenha numa continuidade real e imaginária, reificando a imagem, ligando real e realidade, e escape à simbolização, mesmo que à inconsciente.

O que surpreende nos traumatismos evocados pelos sujeitos em estado limite é, justamente, num sentido ou noutro, a distância entre o ponto de vista social e o ponto de vista individual a respeito da amplitude do acontecimento, contrariamente ao que acontece com a histérica que, na sua relação com o outro, tentará – e por vezes terá êxito – convencer da gravidade dos fatos. Por isso, não nos espantamos por não ver seqüelas evidentes de uma situação suposta como objetivamente traumatizante, guerra ou violação, por nos apercebermos de que o traumatismo teve ainda mais efeito na medida em que ficou subterrâneo, pouco expresso pelo sintoma, na medida em que ele não constituiu neurose. Inversamente, nos surpreendemos com o fato de que determinado acontecimento, anódino para qualquer pessoa, tivesse este efeito dramaticamente traumático, como aconteceu com um rapaz, que sonhava repetitivamente com este acontecimento como numa neurose traumática, que entrou neste estado limite, sem antecedente delirante, logo após "a extração de um dente siso", no final da adolescência.

Nesse sentido, o traumatismo que inaugura o estado limite – também a doença aparece por vezes neste registro – substitui a fantasia, mas ao mesmo tempo fazendo-a decair para sintoma (para sinthoma) e para nome-do-pai, para designar o próprio sujeito, ali onde o patronímico desaparece. Com efeito, para além dessa emergência do real que o acontecimento produz, ele não desorienta a ordem simbólica para suprimi-la, como no psicótico, mas para anulá-la inteiramente, vetorizando-a no trauma e impedindo o trabalho do recalque, que consiste em "colocar o passado no passado", impossibilidade de que testemunhava uma paciente.

É a partir disto que se pode conceber esse sujeito em estado limite como sujeito não da, mas à história, sujeito à história e sujeito a histórias, das quais ele seria o dejeto. Aqueles que trabalham no campo social conhecem este perfil.

A descrição clínica mais adequada do estado amoroso como estado limite é encontrada, lendo-se clinicamente os *Fragments d'un discours amoureux* [Fragmentos de um discurso amoroso][7], de Roland Barthes, e o jovem Werther, de Goethe, que ele evoca longamente, nesta figura ainda adolescente do amoroso, "em transe", suspenso, em pane de pensamento e de qualquer outro ato que não o suicídio, por um encontro impossível. André Green tem razão quando faz do amor o exercício dessa loucura privada a que o sujeito em estado limite sucumbe e que o neurótico recalca para evitar a catástrofe.

Sobre este ponto, também, todo um desdobramento teórico seria possível[8]; só sublinharei algumas considerações sobre o efeito limite da experiência amorosa.

---

[7] R. Barthes, *Fragments d'un discours amoureux*, Seuil, Paris, 1977.

[8] Dou algumas pistas disto no capítulo "L'état amoureux", in *Le Passage adolescent*, op. cit..

Em primeiro lugar com Lacan e alguns de seus ditos sobre o amor, ao constatar que o amor é sempre "homessexual" [escrita de Lacan]*, no sentido inverso em que o desejo tem A Mulher como objeto-causa. Se o desejo masculiniza os dois sexos, na medida em que, como diz Freud, a libido é masculina, o amor feminiliza aquele que é a ele sujeito, atribuindo ao Outro uma onipotência fálica, a da mãe arcaica; é neste sentido que os homossexuais são os melhores pintores desse estado. O sujeito em estado limite encontra nisso pretexto para fazer valer a bissexualidade (masculino no desejo, feminino no amor) de todo sujeito.

Depois, se o amor não constitui um discurso, mas o signo de que se muda de discurso, de que efetuamos este quarto de volta no quadrante de nossas falas[9], ele não se diz melhor que no silêncio de fundo evocado por Roland Barthes. Uma vez enunciado o "eu te amo", performativo ao não dar nenhum sentido a não ser o de uma atração que não admite nenhum comentário, o sujeito está votado ao silêncio. Encontramos aí o segundo pretexto de uma pane, valorizada até o drama, para alguns sujeitos, defrontados a partir de então tanto com o impossível, quanto com o interdito e com a impotência de todo significante.

Por fim, se a transferência, "à qual nada nos permite negar o caráter de amor verdadeiro", segundo Freud, nos dá a verdade do amor, é no sentido em que, segundo Lacan, "aquele a quem suponho o saber, eu o amo". Isto quer dizer que o amor está em estreita ligação com este liame de suposição de saber no Outro, que é o nome-do-pai, reintroduzindo "paterno" neste engajamento originariamente de endereçamento "materno". Mas esta presentificação do nome-do-pai não deixa de ser paradoxal, se esta atribuição é colocada do lado do parceiro, pois, ao mesmo tempo que há a invenção de um nome-do-pai no Outro, o estado amoroso é também tentativa de abolição, de foraclusão do saber precedentemente contido pelo nome-do-pai em sua primeira constituição. Dizendo de outra forma, avalia-se então a qualidade de uma operação complexa que compreende ao mesmo tempo uma fundação e uma submissão/destruição, em sua possibilidade de

---

* Em francês, "homossexual" se escreve com apenas um *m* (*homosexuel*); o dobramento do *m* em *hommosexuel* aponta para *homme*, "homem". (NT)

[9] J.-J. Rassial, "Une logique sans rapport", in *Mi-dit*, nº 2/3, 1985.

permitir a promoção de novos significantes como nomes-do-pai. É nisso que fracassa o sujeito em estado limite, sujeito para o qual o encontro amoroso é imediatamente uma ameaça a esta operação primária.

Estas considerações são eminentemente essenciais para pensar o tratamento psicanalítico desses estados.

12. A psicanálise do sujeito em estado limite

Há um paradoxo entre a clínica e a metapsicologia: do ponto de vista clínico, através dos avatares múltiplos e da labilidade das condutas e dos sintomas, o estado limite deixa aparecer uma fixação, imaginária, ao narcisismo desfalecente, de tal modo que o sujeito parece pouco mobilizável para uma mudança e faz fracassar toda tentativa de intervenção terapêutica; mas, do ponto de vista metapsicológico, se este estado deve ser considerado enquanto tal e não como uma estrutura clínica particular, ele é muito instável e, por isto, mais suscetível de uma mudança que o sujeito neurótico comum ou aquele em quem a psicose é maciça.

Do lado do analista o paradoxo é paralelo: esses sujeitos parecem particularmente "reativos" ao ato analítico e mobilizam imediatamente o inconsciente do analista, suas capacidades de pensar, colocando-o no centro da questão de sua própria identidade humana e de psicanalista. Mas, ao mesmo tempo, domina a impressão de "limites" prévia, incitando a uma prudência que se aproxima das resistências do analista, que se pode apoiar na qualidade anaclítica da relação transferencial e derivar para uma posição materna ou de cuidados, o que impede a interpretação, sempre violenta e intrusiva.

Além disso, se o declínio dos nomes-do-pai é o motor da multiplicação dos estados limites, se lidamos com montagens narcísicas cada vez mais "bizarras", a intervenção principal seria antes social, ou mesmo política, que terapêutica. Sem dúvida, o analista na cidade tem algo a dizer a este respeito, ainda que seja recusando caucionar as derivas que acentuam esse declínio. Em sua prática, opondo-se à medicalização da cura analítica; por exemplo, o reembolso pelo atendimento, que induz um enunciado do tipo: "chegue bem perto da loucura, da doença mental, para que eu possa legitimamente cuidar de você logo"; mas também quanto às soluções sociais que acompanham este declínio e sobre as quais às vezes é consultado: as procriações medicamente assistidas ("maternamente" assistidas, dizia, num lapso, uma analisante), o reconhecimento de uma união homossexual, que vai além da proteção social legítima, a autorização da castração real dos transexuais, a redução do pai a uma função biológica, etc.

Na própria cura analítica, ainda mais se consideramos que ela pode induzir um estado limite, a questão é menos a de uma variante da "cura-tipo" com tal tipo de paciente que a de uma mudança da prática da análise. Do mesmo modo que a análise de adolescentes nos ensina sobre a análise do adulto, é, através desses estados limites, a questão da análise do sujeito moderno que é colocada e isto quando, há muitíssimo tempo, antes mesmo de suas respostas particulares, e antes de Lacan, os primeiros alunos de Freud – Ferenczi em primeiro lugar, seguramente, mas também Reich em seus primeiros trabalhos e muitos outros – perceberam a necessidade de uma invenção contínua, não só da teoria, mas da prática da análise. As hipóteses que proporei aqui, na medida em que concluem este ensaio sobre o estado limite, inauguram uma nova reflexão, a ser prosseguida, sobre as bases atuais da análise.

Direção(ões) da cura

O que, em primeiro lugar, exige uma nova reflexão é, de modo exemplar – nos estados limites, mas já em jogo no processo adolescente (e generalizável para o sujeito moderno) –, a combinação particular da angústia e da depressão, que abala o modelo da cura analítica, tal como Lacan examinou-lhe a direção.

Com efeito, a crítica da análise da transferência em proveito de um primado da análise da fantasia se apóia na seguinte idéia: o percurso na direção da formulação particular da fantasia – cuja fórmula geral associa o sujeito, barrado pelo significante, um objeto de eleição, sempre perdido antecipadamente, e uma operação qualquer que faça liame virtual entre sujeito e objeto – segue ou é acompanhado pela angústia, como sinal da qualidade sempre alienada do sujeito, sempre insuficiente do objeto, sempre inoperante da punção, no coração do desejo. A cura terminará, de toda forma "naturalmente", pela constatação de que a alienação do sujeito não é acidental, mas estrutural, de que a operação virtual é de fato banal constatação de uma impossível relação sexual e, sobretudo, de que o objeto não está garantido, assegurado, nem aprisionado em algum lugar do Outro.

O Outro é tanto um lugar realmente vazio, abandonado pela mãe, imaginariamente inconsistente, como se tornam todas estas figuras que atravessam a vida e a cura, e só insiste como necessidade simbólica de um lugar abstrato e deserto, destinatário de uma fala sem resposta a esperar; o que se escreve S (Ⱥ), significante da falta no Outro, já que o próprio objeto neste lugar só deixa marca de uma falta. É o que é acompanhado de uma depressão de fim de cura, o desfiar das vãs encarnações do Outro (os pais, a Sociedade, o grande amor, o psicanalista, etc) sendo suficiente para identificar essa vacuidade, porque é suficiente supor um Outro do Outro para desnodular-lhe os fios, sem que haja necessidade de uma desmontagem da transferência. Da análise de $\not{S} \lozenge A$ ao encontro de S (Ⱥ), a direção da cura seguiria um caminho, decerto complexo, pois este desfalecimento do Outro aparece primeiro, desde o início, nos desfalecimentos imaginários do Outro e a fantasia só se vê formulada, mais freqüentemente, no só-depois de uma travessia, mas vetorizada sob um modo que contrariaria toda análise prematura, pois inútil, da transferência.

Ora, esse otimismo, definitivamente, de Lacan é contradito por alguns encontros clínicos e de um modo que nada tem de excepcional, mesmo que deixemos à parte a psicose. Primeiro, ele é contradito nas curas ditas didáticas, ou levadas até a elaboração didática; foi o que legitimou a instauração do passe como tentativa de esclarecer o que se passaria então de específico, sem dúvida não somente no fim da cura, mas em seu percurso mesmo, quando o resultado não é, como conseqüência deste itinerário, o simples retorno a uma neurose menos invalidante, nem a adesão a um sinthoma individual. Depois, ele é contradito nas curas de adolescentes, quando, como já mostrei, aliás, o analista é de início interrogado sobre seu ser, na medida em que o desfalecimento do Outro é, nas diversas patologias desse momento, o que se apresenta primeiro e torna frágil a crença da fantasia e na fantasia. Já insisti, neste caso, numa necessária análise da transferência para que a análise da fantasia, num segundo tempo, seja possível. Enfim, nesses estados limites, o fato de que se apresentem como tal, no início da análise, ou de que apareçam durante a cura.

Propus situar aquilo que sob um modo sinthomático ocupa lugar de fantasia como $\$ \lozenge S(\not{A})$, quer dizer, considerar que a relação anaclítica com o Outro desfalecente (e não totalitário, como nas psicoses) não constitui uma conseqüência, mas uma chave para compreender ao mesmo tempo a fantasia e a transferência. Não há, a partir daí, inversão do processo como no adolescente comum, mas confusão dos dois processos, aquele que interroga o objeto, aquele que questiona as encarnações do Outro, tendo como fundo essa "ânsio-depressão" que oscila de um lado a outro; o que dá à cura de tais sujeitos esta alternância ciclotímica, da qual o analista pode se fazer o sintoma, que sustenta o sujeito através desses momentos de exaltação, acompanhados de angústia, e de panes acompanhadas de depressão – e não somente segundo as variações transferenciais com que joga a histeria, dominante ou secundária, de cada neurótico, mas no núcleo mesmo da análise da fantasia e da desmontagem do sinthoma.

De onde o analista se encontra sob o risco de duas derivas possíveis: por um lado, a que consistiria em ser paralisado, até mesmo culpabilizado pelo temor de atingir um narcisismo já frágil, o que conduziria a sustentar apenas o sinthoma, tal como ele é, na medida em que protegeria contra a loucura. Esses sujeitos empurram o analista para uma posição de cuidados, materna mesmo, que então impede a interpretação; por outro lado, aquela, lacaniana como a precedente era antes anglo-saxã, que privilegiaria o discurso num endereçamento suposto qualquer, o analista tornando-se o guardião do que parece fazer nome-do-pai, ao identificar esse discurso do analisante como discurso histérico; ora, cada significante deve ser ouvido, nesse discurso, seguramente não em relação a um sentido que o ligaria a um significado, mas não somente na relação entre os significantes, de S_1 aos S_2; ele deve ser ouvido na relação particular que esses sujeitos mantêm com o real e a realidade. É, em termos saussureanos, o "referente" que deve ser objeto de interpretação, segundo a dialética entre "conotação" e "denotação", para não cair na crença na significação direta e reconhecer as dificuldades desses sujeitos entre subjetivação e objetalidade na relação com o outro (a ou A); é ao negligenciar esta questão que se transforma a interpretação em injunção ou que se a anula ao pronunciá-la. Eu me aproximo, sem dúvida, do que A. Green evoca quanto aos "processos terciários".

Levando as coisas ao extremo, poderíamos dizer que a cura desses sujeitos compreende e é ordenada por uma re-aprendizagem da fala e que eles podem realizar na cura, de maneira quase magistral, este percurso que leva da impossibilidade de unir "falar de si" e "falar para um outro" até uma conjunção possível, se o analista lhe dá suporte.

Do dispositivo

Freqüentemente se coloca o acento no "enquadre", conceito mais tópico que dinâmico; prefiro o conceito de "dispositivo", que, por um lado, nos afasta da idéia de uma cura-tipo, por outro, enfatiza a questão das posições do analista e do analisante, suscetíveis de evoluir durante a cura e levando, nos múltiplos sentidos do termo, a uma "deposição".

Ora, o que "dispõe" o analista e o analisante não é nem o espaço, na realidade, do consultório com a ou as poltrona(s) e o divã, inclusive a mesa, nem a relação simples com o mundo exterior, por exemplo na determinação do pagamento e da exclusão, decerto útil, das relações com o meio circundante; esses elementos do enquadre são secundários, tanto em seus valores quanto no fato de serem uma conseqüência, não uma causa do dispositivo. O que o funda é, simplesmente, a regra fundamental, não em sua formulação obrigatoriamente tradicional, mas na medida em que ela situa o discurso do analisante e o ato do analista no campo exclusivo da fala[1] e, por isso mesmo, implica um modo de fala, de escuta e de "abstinência".

Não instalar a regra fundamental é engajar a cura num outro modo que a psicanálise e dar sentido às psicoterapias psicanalíticas, por exemplo com sujeitos psicotizados, para quem esta instrução, recebida como injunção, só teria como efeito acarretar um desdobramento delirante. Instalar a regra

[1] A referência para estas questões, longamente estudadas antes por Conrad Stein em seus diversos livros, é a obra recente de R. Gori, *La Preuve par la parole*, PUF, Paris, 1997.

fundamental é, de fato, formular uma primeira interpretação inaugural: "o sujeito é analisável", isto é, capaz de efetuar, de suportar e de tirar benefício de um trabalho de desligamento das representações.

É certo que é impossível instalar uma indicação técnica fora da dinâmica particular de uma cura e enfatizei o quanto esse estado limite não caracterizaria especificamente uma estrutura. Vou me contentar em inferir de minha prática uma hipótese para reflexão: com esses sujeitos, é conveniente prolongar, tanto quanto necessário, o que se chama de entrevistas preliminares, por sabermos que, mesmo que isto se avalie no só-depois, elas fazem parte da cura analítica.

Estas entrevistas preliminares[2] têm, em primeiro lugar, a função comum de avaliar as aptidões do paciente, mas também as do analista, nessa relação única de falar e de escutar analiticamente, quer dizer, na medida em que associação livre e interpretação sejam possíveis. Kernberg propõe algo que vai neste sentido, ainda que lhe dê a função de critério diagnóstico diferencial entre neurose e psicose. Ele propõe avaliar a relação do sujeito com a realidade; se o paciente mantém uma instância crítica nas clivagens que efetua e não descompensa – é grande o risco! –, ele está em estado limite. Não estamos longe da idéia de Lacan de que o primeiro momento da cura é a "retificação das relações do sujeito com o real". Pessoalmente, de um modo próximo a Winnicott quando ele sugere um tom interrogativo para a interpretação, com muita freqüência "testo", por interpretações simples e provocantes, a aptidão do paciente para entrar nesta outra lógica da análise – isto desde a primeira ou segunda entrevista –, mas também minha aptidão para ouvir alguma coisa. Seguramente cada um, tanto quanto na formulação da regra fundamental, encontra seu estilo. A questão que se coloca, nas duas vertentes do analista e do analisante, deve ser a seguinte: uma cura analítica tornaria possível, para este determinado sujeito, uma mudança de que ele tire algum benefício? É certo que é uma estimativa, nunca uma certeza, seja qual for, aliás, a estrutura clínica.

Nessa clínica dos estados limites, há uma outra função das entrevistas preliminares, função sempre associada, mas aqui a ser precisada, ao que

---

[2] Cf. J.-J. Rassial, "Le but des entretiens préliminaires", in *Mi-dit*, nº 1, 1984.

Freud chama de "disposição para a transferência". Mas, neste ponto, o esclarecimento de Jacques Lacan é necessário, assim como a teorização dela proposta por Mustapha Safouan[3]: a transferência designa duas dinâmicas, as de uma resistência e de um agente da cura, nos diz Freud, as das transferências imaginárias e da transferência simbólica, cujo eixo é o sujeito-suposto-saber, nos diz Lacan, as da transferência analisável e da transferência analisante, propõe Safouan. A primeira face da transferência só nos indica o mínimo de histeria constitutiva de todo sujeito, mesmo que psicótico; é a qualidade da segunda face da transferência potencial que importa, quer dizer, não a possibilidade de desfiar encarnações imaginárias do Outro, sendo o analista uma de suas figuras possíveis, mas a aptidão para produzir e suportar um endereçamento a um outro, como um pequeno a, que, antecipadamente, desde o início da cura, está votado à decadência provocada pela queda não somente dos objetos, mas também do sujeito suposto ao saber. É desconhecer ou retardar a avaliação deste "qualquer" do analista na transferência que induz, desencadeia essas "psicoses de transferência" que se pôde expor em sujeitos não-psicóticos. Quanto a isto também, a cada um seu estilo, mas é sublinhando, desde as entrevistas preliminares, que o analista não é detentor de um saber totalitário, ali mesmo onde o que ele diz tem efeito de saber, que se permitirá avaliar a aptidão do sujeito para suportar esse destino do objeto anaclítico e evitar derivas transferenciais, o que, por vezes, exige um longo trabalho preliminar, que poderíamos dizer de educação para a psicanálise.

Da interpretação

Uma vez colocado em operação o dispositivo analítico e mantido, de acordo com todas as variantes possíveis, o rigor de seu enquadre de fala, seja qual for, portanto, o enquadre objetivo e contratual que o acompanhe – ritmo das sessões, duração das sessões, pagamento, posição deitada ou sentada, etc –, a dinâmica se volta para a interpretação, no sentido em que, como indica Lacan, o analista tem o dever de interpretar, a ser entendido

---

[3] M. Safouan, *Le Transfert*, Seuil, Paris, 1995.

tanto como um gerundivo – ele é devendo interpretar – quanto como um imperativo ético.

Na medida em que está estabelecido que a interpretação psicanalítica[4] não é uma tradução simples dos signos que as barreiras do inconsciente deixaram passar – ainda que sob uma forma negativa –, de acordo com uma hermenêutica objetivável, duas posições podem ser delimitadas, uma anglo-saxã, fortemente influenciada por M. Klein, outra inspirada por Lacan. Simplificando, a primeira posição privilegiaria a idéia de uma comunicação de inconsciente a inconsciente, a "contratransferência" tornando-se instrumento de pensar do analista quando é analisada enquanto resistência; a interpretação do analista se situaria no mesmo lugar que a interpretação materna dos sinais da criança, não numa colaboração entre a parte sã do eu do paciente e o eu forte do analista, como na abordagem da egopsicologia, mas de inconsciente a inconsciente; a clivagem do sujeito, não-redutível à clivagem do eu, seria então remetida à clivagem do objeto. A segunda posição liga esta clivagem do sujeito, sua divisão, à clivagem do significante que o representa, cuja ordenação é a dos nomes-do-pai; a "*talking-cure*" adquire aqui todo o seu sentido: não responder à demanda é recusar situar-se como "boa ou má mãe", para que a fala do analisante, escandida pelo analista, passe pelos discursos que a organizam, a interpretação textual predominando em relação à interpretação referencial.

Esses sujeitos em estado limite nos indicam os limites destes dois tipos de interpretação – a primeira derivando para o realismo do objeto, a segunda para um espiritualismo do significante –, pois constituem obstáculos. Por um lado, porque suportam, até mesmo se sustentam pela divisão do objeto, por sua alienação às interpretações intrusivas maternas; a análise tem como efeito, poderíamos dizer, confirmar-lhes a loucura, com o risco de autorizar uma pseudopsicose a dois numa ligação tão indefectível quanto a ligação do psicótico com a mãe, ou com qualquer outro que venha ocupar este lugar. Por outro lado, como já sublinhei, a interpretação não pode simplesmente dirigir-se à repetição dos significantes, à emergência de

---

[4] Meu próximo trabalho, também constituído de um curso de D.E.A., sobre "Le procès cognitif de l'interprétation psychanalytique".

significantes-mestres fora da referência a um endereçamento, sempre na distância entre a e Λ, portanto incluindo uma interpretação da transferência no ato da fala. Dizendo de outra forma, a interpretação não pode dirigir-se exclusivamente ao objeto ou ao significante, mas, afetando a realidade, à sua discordância, à qual o sujeito em estado limite é, propriamente falando, sujeito, na medida em que submetido a esta falta, constitutiva, de uma adequação entre as palavras e as coisas.

André Green sublinha bem como esses sujeitos em estado limite exigem uma reflexão sobre a interpretação psicanalítica[5]. O trabalho de desligamento e religação deve ser superficial para constituir um pré-consciente que na maioria das vezes não desempenha seu papel de mediador. Ele propõe uma teoria dos "processos terciários" que, ao mesmo tempo, daria conta da especificidade do fracasso simbólico desses estados e da dinâmica da cura.

De minha parte, por minha prática, proporia antes a proximidade da interpretação na cura desses sujeitos com a interpretação nas curas de crianças do período de latência ou da puberdade, sendo que o trabalho terapêutico com o desenho concretiza esse estilo particular. Ainda que fosse porque, no período entre 6 e 13 anos, aproximadamente, as questões estão próximas da qualidade particular do Outro, da realidade do mundo exterior e do corpo, da constituição do aparelho psíquico; tanto quanto a cura do psicótico nos remete ao pré-edipiano, a cura do sujeito em estado limite nos remete a este período intermediário[6].

Desta forma, com a criança, a sucessão de desenhos, durante a mesma sessão, define uma direção de cura: o primeiro desenho, em geral, será colorido, estruturado, por vezes rico, mas normativo. Em função da qualidade da relação transferencial, o sujeito "deixa vir" uma desestruturação dos desenhos seguintes; as intervenções do analista (perguntas, participação de tipo Squiggle, interpretação dirigida ao objeto ou à letra do desenho, etc) permitirão, segundo os casos, uma verbalização ou uma continu-

---

5 Cf. A. Green, "Le silence du psychanalyste" e "La capacité de rêverie", in *La Folie privée*, op. cit..

6 Sobre a criança desta idade, C. Arbisio-Lesourd, *L'Enfant de la période de latence*, op. cit..

ação dos desenhos; mas, contrariamente à análise das neuroses adultas, em que o fim da sessão pode valer como interpretação, deixando num desamparo que deixa – é uma metáfora – o inconsciente aberto, é necessário ou bem que o fim da sessão seja objetivamente definido por uma duração singular, ou bem que seja anunciado antecipadamente, para que um desenho permita novas ligações, uma reconstituição defensiva e narcísica, que se pode almejar seja mais leve. Assim, cada sessão é concebida como o microcosmo do conjunto da cura, ou sua metonímia, em outros termos; a cada sessão, o analista deve permitir uma volta completa, da ligação ao desligamento, a uma religação mesmo que provisória, o que ordena o conjunto de suas interpretações.

De fato, isto supõe sessões longas, até mesmo muito longas, ainda que possam ser espaçadas no tempo, mais que com o sujeito neurótico.

Destino do sinthoma

"A história da análise não é a reconstrução da história que aconteceu no real..., é a construção da realidade psíquica do sujeito". Não digo coisa diferente do que disse André Green, mas em outros termos, quando dou como projeto à cura do sujeito em estado limite a construção ou a reconstrução do sinthoma, quer dizer, de um ponto de vista topológico, portanto tópico, deste quarto fio que permite à estrutura, qualquer que ela seja, não se desnodular numa confusão mental.

Ora, não contesto que seja toda uma concepção da psicanálise que esteja em causa, pois que ela não mais põe como causa final a interpretação das determinações que se tornam ao mesmo tempo um meio e um momento, mas uma construção, não *ex nihilo* ou enxertada na estrutura, mas acompanhada pelo analista, na medida em que "a construção [é] a metáfora da escuta do analista[7]". Se o sinthoma é um dos nomes-do-pai, aquele que permite ao sujeito não somente constituir o simbólico como uma das dimensões de sua eksistência ao real, mas também "perseverar no ser", é a participar da construção de um novo nome-do-pai que se vota o analista na

---

[7] R. Gori, "À qui appartient la paternité de la construction?", in *Le Trimestre psychanalytique*, nº 1, 1997.

cura, em particular quando se apresenta, logo na entrada ou durante a análise, um estado limite do sujeito.

É bem o que nos mostram as curas desses sujeitos, quando são bem-sucedidas.

Conclusão
O estado do sujeito moderno

São muitos os índices de que o declínio da função paterna se realizou, de que a conjunção do mestre e do pai, sustentada pelos monoteísmos, não produz mais seus efeitos de limite à ideologia cientificista, de que a castração não é mais vivida a não ser como uma mutilação, temida ou pedida, de que o sexual não é mais ordenado pela mesma divisão dos sexos que a legitimada pelo Édipo. Das procriações medicamente assistidas a esta nova patologia dos subúrbios[1], da inclusão da exclusão social na normalidade de uma sociedade moderna à nostalgia do arcaico, as questões colocadas ao laço social se multiplicam.

Os sujeitos em estado limite são, para nossas sociedades pós-modernas, o que os jovens eram para nossas sociedades modernas: testemunhos, freqüentemente dolorosos, de um estado do pensamento, do desejo e dos laços familiares e sociais. Nisto, eles exigem dos psicanalistas e da psicanálise não uma revisão, mas, ao contrário, ir até os limites mesmos da prática e da teoria, na medida em que, como penso, as referências freudianas e lacanianas, explicitadas e desenvolvidas, permitem dar conta de patologias que não são novas senão por serem as do mal-estar atual da cultura.

Como com os adolescentes, o analista é então interrogado no cerne de sua relação com a psicanálise, tentado a se afastar dela, mas sabendo que

[1] Sob a direção de J.-J. Rassial, *Y a-t-il une psychopathologie des banlieues?*, Érès, Toulouse, 1998.

é mantendo sua retidão que pode responder pela situação; o que não impede, pelo contrário, abordar esta clínica em sua novidade, sem querer rebatê-la naquela, mais conhecida, dos neuróticos, inclusive nos mistérios das psicoses.

Terminemos com uma hipótese para explicar como podemos passar de uma "especialização" na clínica da adolescência ao interesse pelos estados limites. Se os adolescentes empurram para uma teoria da adolescência que dê conta de um momento lógico que excede um momento cronológico, os sujeitos em estado limite permitem passar de uma teoria da adolescência "restrita" a uma teoria da adolescência "generalizada".

Companhia de Freud editora

OBRAS PUBLICADAS

Psicanálise e Tempo
Erik Porge

Psicanálise e Análise do Discurso
Nina Leite

Letra a Letra
Jean Allouch

Mal-Estar na Procriação
Marie-Magdeleine Chatel

Marguerite ou "A Aimée" de Lacan
Jean Allouch

Revista Internacional nº 1
A Clínica Lacaniana

A Criança na Clínica Psicanalítica
Angela Vorcaro

A Feminilidade Velada
Philippe Julien

O Discurso Melancólico
Marie-Claude Lambotte

A Etificação da Psicanálise
Jean Allouch

Roubo de Idéias?
Erik Porge

Os Nomes do Pai em Jacques Lacan
Erik Porge

Revista Internacional nº 2
A Histeria

Anorexia mental, ascese, mística
Éric Bidaud

Hitler – A Tirania e a Psicanálise
Jean-Gérard Bursztein

Littoral
A Criança e o Psicanalista

O Amor ao Avesso
Gérard Pommier

Paixões do Ser
Sandra Dias

A Ficção do Si Mesmo
Ana Maria Medeiros da Costa

As Construções do Universal
Monique David-Ménard

Littoral
Luto de Criança

Trata-se uma Criança – Tomos I e II
Congresso Internacional de Psicanálise e suas Conexões – Vários

O Adolescente e o Psicanalista
Jean-Jacques Rassial

— Alô, Lacan?
— É claro que não.
Jean Allouch

A Crise de Adolescência
Octave Mannoni e outros

O Adolescente na Psicanálise
Raymond Cahn

A Morte e o Imaginário na Adolescência
Silvia Tubert

Invocações
Alain Didier-Weill

Um Percurso em Psicanálise com Lacan
Taciana de Melo Mafra

A Fantasia da Eleição Divina
Sergio Becker

Lacan e o Espelho Sofiânico de Boehme
Dany-Robert Dufour

O Adolescente e a Modernidade – Tomos I, II e III
Congresso Internacional de Psicanálise e suas Conexões – Vários

A Hora do Chá na Casa dos Pendlebury
Alain Didier-Weill

W. R. Bion – Novas Leituras
Arnaldo Chuster

Crianças na Psicanálise
Angela Vorcaro

O Sorriso da Gioconda
Catherine Mathelin

As Psicoses
Philippe Julien

O Olhar e a Voz
Paul-Laurent Assoun

Um Jeito de Poeta
Luís Mauro Caetano da Rosa

Estética da Melancolia
Marie-Claude Lambotte

O Desejo do Psicanalista
Diana S. Rabinovich

Os Mistérios da Trindade
Dany-Robert Dufour

A Equação do Sonhos
Gisèle Chaboudez

Abandonarás teu Pai e tua Mãe
Philippe Julien

A Estrutura na Obra Lacaniana
Taciana de Melo Mafra

Elissa Rhaís
Paul Tabet

Ciúmes
Denise Lachaud

Trilhamentos do Feminino
Jerzuí Tomaz

Gostar de Mulheres
Autores diversos

Os Errantes da Carne
Jean-Pierre Winter

As Intervenções do Analista
Isidoro Vegh

Adolescência e Psicose
Edson Saggese

O que Acontece no Ato Analítico?
Roberto Harari

A Clínica da Identificação
Clara Cruglak

Os Discursos e a Cura
Isidoro Vegh e outros

A Escritura Psicótica
Marcelo Muniz Freire

Procuro o Homem da Minha Vida
Daniela Di Segni

markgraph
Rua Aguiar Moreira, 386 - Bonsucesso
Tel.: (21) 868-5802 Telefax.: (021) 270.9656
Rio de Janeiro - RJ